JN410412

박연화 수필집

가을에 묻어나는 아취

가을에 묻어나는 아취

박연화 수필집

1판 1쇄 인쇄/ 2023년 10월 10일
1판 1쇄 발행/ 2023년 10월 10일

지은이 / 박 연 화
펴낸이 / 우 희 정
펴낸곳 / 도서출판 소소리

등록 / 제300-2007-21호
주소 03073 서울 종로구 성균관로5길 39-16
전화 / 765-5663, 010-4265-5663
e-mail: sosori39@hanmail.net
www.sosori.net
값 13,000원

*잘못된 책은 바꿔드립니다.

ISBN 979-11-5891-187- 4 03810

박연화 수필집

가을에 묻어나는 아취

책을 내면서

수필은 내 삶의 이정표

자운영꽃을 보았습니다. 바람 끝이 쌀쌀한 봄
들꽃 한 송이가 어쩜 그렇게 예쁜지요.
하지만 다시 보니 앙상한 이파리와 가느다란 꽃대가
들꽃이라도 짜장 민망했습니다.
선명한 보랏빛만 아니면 너무 작아서
기억할 사람이 있을까 싶을 정도였는데.

아직은 썰렁한 봄 풍경입니다.
꽃이라야 물가에서 간신히 눈뜬 버들개지와
둔덕의 산수유뿐이었으나 더 곱게 들려오는 꽃노래

바람은 차고 냇가의 버들개지도 추워 보이지만 그래서 더욱 선명한 빛깔입니다.

아무도 찾지 않는 곳이지만
바람 모지 언덕에서 핀 것만으로도 누군가는 참 예쁘다고
한 번쯤은 바라볼 테니 그런대로 행복할 것 같은 나날들.

둘러보면 또 야트막한 언덕배기 너머
손바닥만한 밭뙈기가 보이고
논이라야 오밀조밀 모여 있는 하늘바라기인데.
소출은 몰라도 심심파적 소일거리로 짓는
자그마한 텃밭과 텃논이 초봄에 더욱 정겹습니다.
나 또한 글 텃밭에서 가꾸는 꿈이 소중했기에
어느 때는 온통 가시덤불에 조약돌이 구르기도 했지만
그 너머 퐁퐁 옹달샘이 솟아날 것도 글을 쓰면서

알았습니다. 꽃 피는 봄도 절반은 바람인 것처럼,
지금 이 오붓한 행복이야말로
어려움을 배경으로 한 컷 풍경이었던 것처럼.

그렇게 글을 쓰고 싶었습니다.
꽃이 예쁜 것은 어떤 경우든 피우려는 의지 때문이듯
삶 또한 자기 몫이라는 것을 나름 표백하면서.

자운영꽃이, 탐스럽지는 않아도 바람모지에서 눈길을 끄는 것처럼 부족한 나의 글도 내 걸어 온 길모퉁이에서 곱게 필 수 있다면 힘든 중에도 열심히 글 밭을 가꾸며 살 것을 소망해 봅니다.

2023년 초가을

저자 박연화

▷ 차 례

▷ 책을 내면서

1. 다기에 담은 숲

가을에 묻어나는 아취 —・14
구유 —・18
세월을 말하다 —・23
벌초를 하면서 초가을 단상 —・28
파김치 —・33
안개 속에서 —・37
돌덩이 달고(達固) —・42
들고양이 —・47
동화 속의 작은 집 —・51
배합의 묘리 —・55
다기에 담은 숲 —・58

2. 저기 저 언덕에는

초란(初卵)의 탄생 —· 64
내 동생 막둥이 —· 68
진달래의 행복 —· 73
여명(黎明)에서 —· 78
엉겅퀴 홀씨 되어 —· 82
나무는 늙어도 —· 87
열매와 뿌리 —· 91
늦깎이 파트너의 선물 —· 96
목욕탕 데이트 —· 101
저기 저 언덕에는 —· 106

3. 산마루턱에서

찻집에서의 함박눈 —· 112
어머니 어머니 나의 어머니 —· 116
행복은 우리 마음속에서 —· 121
빨간 캐시미어 속치마 —· 125
부자자효(父慈子孝) —· 130
산마루턱에서 —· 134
우리 아름다운 뜨락 —· 138
내 손자 자민이 —· 142
마스크를 쓰다 —· 146
장맛비 후일담 —· 151

4. 따비밭 연정

얼음골 사연 —· 156
죽서루의 봄 —· 161
뿌리 깊은 나무 —· 165
따비밭 연정 —· 169
빼꾸기 —· 173
단풍나무의 서정 —· 177
아침을 열다 —· 181
하고 많은 날들 중에서 —· 186
만남, 예그리나 —· 191
딸기밭에서의 하루 —· 196
도토리 줍는 날 —· 201

1.

다기에 담은 숲

가을에 묻어나는 아취

가을이다. 하늘은 맑고 바람은 선선하다. 창밖으로는 어느새 귀뚜라미 합창까지 어우러졌다. 그렇게 덥더니 마침내 가을이 되었다. 벼가 익어가는 들판을 가면 한 이틀 먹지 않아도 배부를 것만 같다. 가난한 친정에 가는 것보다 낫다는, 그것도 먹을 것이 많다는 말을 새삼 느껴보면서 가을의 풍성함을 다시금 본다.

먼 산을 바라보면 단풍까지 호달지게 예쁘다. 오늘도 맑고 오곡이 무르익는 단풍의 계절을 지금 나 이렇게 황홀함에 젖어 있다. 들판에는 일 년 내 가꾼 것을 거둬들이는 가을걷이가 시작될 테고 산자락에는 단풍의 축제가 펼쳐지리니, 그리고 이어서 초겨울이 되면 우리 마을은 또 아늑한 백설의 풍경에 파묻히게 될 것이다.

생각하면 자연에 파묻혀 사는 날들이 행복하다. 시골에 내려

오지 않았으면 느끼지 못했을 행복이다. 터 잡아 산 지 어느새 20여 년 동안 시골의 아취를 한껏 누리면서 살았다. 요즈음 들어 이농과 귀농 현상이 많다는 뉴스를 보았다. 도시에 살기 힘들어서 그런 경우도 물론 있겠지만 나 자신을 돌아보면 전원생활의 매력 때문일 것이다. 요즈음 같은 가을에는 5월 농군도 8월 신선이 되는 만추가경의 계절이었지 않은가.

농촌은 그렇게 전원적인 공간이었다. 나 어릴 적에는 바닷가에서 살았다. 파도가 있고 수평선이 보이고 갈매기가 날아다니는 풍경도 무척이나 낭만이지만 지금 뒤늦게 빠져 있는 전원생활도 어릴 때의 추억 못지않게 간절하다. 퇴직할 나이가 되면 너도나도 꿈꾸는 전원생활에서 특별히 농사의 매력을 돌아보는 것이다.

무엇보다 농사는 천하지대본이라고 했다. 우리나라가 삼국시대부터 내려온 농업국이라는 건 다 알고 있다. 속담이나 경구 또한 농사에 관련된 게 많았다. 이십사절기 역시 보름 간격으로 바뀌는 농사의 과정을 세분화해서 나타낸 것이다. 흔히 먹는 설렁탕 역시 농사에 관련된 음식이다.

특별히 한여름 더위에 지칠 때마다 두어 차례 먹곤 하는데, 지금의 동대문 밖 선농단에서 농사를 권장하는 행사를 치르고 난 뒤 먹은 음식이다. 해마다 봄이 되면 그해 농사가 잘되기를 바라는 의미에서 왕은 친히 동대문 밖 선농단까지 나갔다. 왕의 주재하에 직접 제사를 지내기 때문에 인근의 백성들이 구름 같이 몰려들었다. 궁궐에서만 사는 왕을 먼발치서나마 볼 수 있고, 다들 풍년을 기원하는 마음이 간절했겠다.

양지머리와 사골을 깨끗한 물에 담가 핏물을 우려낸 후 따로 삶는다. 애벌 끓인 국물은 버리고 깨끗한 물을 넉넉히 담아 다시 약한 불에 우려낸다. 다 삶아지면 양지머리는 건져 찢거나 칼로 저며 담은 뒤 사골국물을 부어 먹는 것으로 농사의 중요성을 시사한 전통음식이다.

결국 선농단의 국물에는 은혜와 감사, 또는 마음속 깊은 기원이나 따뜻한 사랑이 담겨 있었다고 할 것이다. 일국의 왕까지 힘써 독려하고 뒷받침해 온 농사였는데 지금은 뜻하지 않은 이농 현상으로 많은 문제가 속출하고 있다. 농사를 짓지 않는 휴경지는 점점 늘어나고 어린 아기들의 울음소리를 듣기가 어려워지면서 문을 닫는 학교도 증가했다. 그 바람에 또 시골을 떠날 수밖에 없는 악순환의 연속이다.

딱히 그게 아니어도 농촌생활이 여러모로 불편한 것은 있다. 병원을 가거나 장을 보려고 해도 번거롭지만 그만치 낭만적인 것 또한 사실이다. 농촌이 뿌리라면 도시는 농촌에서 뻗어나간 잎과 줄기다. 뿌리가 튼튼해야 무성한 잎과 탐스러운 열매를 기대할 수 있다. 결국 농촌은 뿌리에 해당될 텐데 현실은 그렇지 않았다. 농촌이 잘 보존되어야 쾌적한 전원생활이 보장된다면 세심하게 검토되어야 할 문제다.

도회지에 산다고 농촌을 무시하는 건 뿌리 없이 맺은 꽃과 열매가 시들 것도 모르고 젠체하는 격이다. 이제부터 시작이고 현실화되기 위해서는 어려움도 많을 테지만 서서히 정착하다 보면 안정될 줄 안다. 1980년대부터 번진 이농현상이 30년 만에 귀농현상으로 바뀐 것만 봐도 어떤 게 시급한 관건인지는 명백히 드러난다.

해거름 문득 추적추적 비가 내린다. 가을에는 여간해서 비가 오지 않는다. 온다 해도 어찌나 적게 오는지 장인 나룻 밑에서 그을 수 있을 정도지만 갈무리해서 광에 들이기 전에 깨끗이 샤워라도 하라는 뜻일 게다. 가을에는 또 비가 올수록 추워진다고 했으니 단풍도 하루하루 산뜻해질 것이다. 나 또한 나이를 생각하니 단풍이 드는 시점이다. 가을의 마지막 포인트는 가을인 것처럼 내 인생의 포인트 역시 아름다운 마무리였다. 가을의 화두가 아름다운 단풍이라면 나 역시도 얼마나 더 겸손하게 빛을 낼까를 생각해보는 날이다.

구유

민속용품 전시장에서 구유를 사왔다. 나무로 만든 것도 무거워서 쩔쩔매게 될 판인데 하물며 돌로 만든 물건이다. 어찌나 무거운지 장정 다섯 명이 간신히 추슬러서 정원 한가운데 안쳐 놓았다. 초여름에는 옥잠화를 심어서 감상을 했다. 옥잠화의 푸른 잎이 어우러지면 청개구리가 잎을 타고 앉아서 노래 부른다. 그리고 이어서 8월 복더위가 되면 함께 꽂아 두었던 연꽃이 활짝 피었다. 이전에야 가축의 여물통이었지만 절구처럼 정원석처럼 제격이다.

지금은 12월 초순 바야흐로 초겨울이다. 이제 구유에 있던 옥잠화니 연꽃은 모두 시든 채 뿌리만 잠겨 있다. 엊그제부터 영하로 떨어지더니 물은 얼고 오늘 아침 서설이 하얗게 덧쌓인 게 어찌나 고풍스러운지 몰랐다. 한낱 가축의 먹이통이었던 구유가 전천 후 장식품으로 정원을 꾸며주고 있다. 물건 값은 말할 것도 없고 운반비까지 거금 몇 십만 원을 썼지만 도통 아깝지 않고 볼 때마다 애착이 간다.

오래전 이 구유 속의 여물을 먹었을 시골집의 마소가 생각난다. 말은 특별한 집에서나 볼 수 있는 가축일 테니 소가 더욱 친근하다. 봄 여름 가을에는 풀을 먹는 만큼 외양간에서 방치되어 있다가 겨울이면 비로소 쇠죽을 담아 준다. 볏짚과 콩깍지를 푹 삶아서 구유에 쏟아주면 외양간은 뜨거운 김으로 자오록해졌다. 그 속에서 맛난 간식이나 먹듯 머리를 주억거리며 열심히 먹고 있던 암소의 듬직한 모습이 선하다.

봄내 가으내 일만 하던 소가 호사를 누리는 것은 추운 겨울이다. 농한기가 되면서 소들 역시 휴식에 들어간다. 비록 콩깍지와 짚을 삶은 거지만 아침저녁 푹 삶아서 먹이는 것은 보통 정성이 아니다. 닭은 모이를 흩어주고 개는 먹고 남은 찌꺼기를 먹는데 소는 정식으로 쇠죽을 쑤어서 구유에 담아 준다. 그 정도면 대접으로 충분하다.

소는 그만치 많은 일을 감당해 왔다. 뚜렷한 농기구가 없던 그 시절, 소는 밭을 갈고 거름을 내는 등 중노동을 감당했다. 동네 어느 집 맏아들이 대학에 들어가면 팔아서 입학금을 장만했다. 2009년 개봉한 독립영화 '워낭소리'에서 최원균 할아버지의 자녀들이 "저 소가 우리 다 공부시켜준 거 아이가."라고 한 말은 무척이나 향수적이다. 딱히 그들의 대화가 아니어도 소를 판 돈으로 대학 등록금을 낸 사람은 부지기수일 것이다.

일 잘하고 더구나 목돈마련으로는 최고인 재산목록 1호다. 전답이 부동산이라면 소는 아무 때고 현금화할 수 있는 유동자산이다. 무엇보다 소는 근면함의 상징이다. 묵묵히 일하는 소의 모습은 '소 같이 일하고 쥐 같이 먹어라'는 속담에서도 잘 드러난다. 소는 편안함, 여유로움을 상징하기도 한다. 목동이 소를 타고 가는 그림을 보면 여유로움을 느낄 수 있다. 누워 있는 소 모양의 땅은 풍수지리에서 복을 주는 명당으로 여겨진다.

농경사회였던 우리 민족에게 소는 귀중한 존재였다. 특별히 소는 힘이 세다. 문헌에 따르면 우리나라에 보험 제도가 들어왔을 때 첫 계약 대상은 사람이 아닌 소였다고 한다. 1897년 6월 대조선보험회사는 사육 소에 대한 보험증권을 만들었다. 기르던 소가 죽거나, 도둑맞았을 때 보상해 주는 보험이다.

보험료는 소의 크기나 건강 상태에 상관없이 한 마리에 엽전 한 냥이었다. 보험금은 소의 등급에 따라 100냥, 70냥, 40냥 등으로 차등 지급했다. 보험증권에는 소 주인의 주소와 털 색깔, 뿔의 상태 등을 기입했지만 소에 대한 세금 제도가 생겨났다고 오인하는 바람에 오래가지 않았다. 보험사 측에서는 집집마다 소를 귀히 여기는 만큼 보험이 잘 될거라고 생각했을 것이다. 보험 제도가 알려지지 않을 때 처음 도입된 걸 보면 얼마나 중히 여겼는지를 알 수 있다.

소는 서민들과 떼려야 뗄 수 없는 동물이었다. 소와 관련된 지명도 우면산, 우도 등 수없이 많다. 우도의 최고봉은 소의 머리와 비슷하다는 '소머리오름'이다. 서울 '우면산'은 졸고 있는 소를 닮았다. 밀양의 '멍에실 마을'은 소 멍에와 같다는 데서 유래했다. 경남 함양의 '구시골'과 경북 봉화의 '구우밭' 등은 소의 여물통인 구유에서 나왔다. 지역에 따라 구시, 구이, 귀, 여물통 등으로 다양하게 불렀기 때문이다. 상상의 동물인 용 다음으로 관련 지명이 많은 것을 보면 그만치 친숙한 동물이었다.

소도둑 출몰지였음을 나타내는 지명도 있다. 최고의 자산이었기 때문에 소도둑은 어디나 흔했다. 충남 공주시의 '우금고개'는 소도둑이 많이 나타나 장을 보고 돌아가는 사람들은 넘지 말라는 고개를 나타낸 것이다. 소의 헌신과 의리를 기리는 지명도 있었는데, 경남 거창군 '우혜마을(소의 은혜)'은 어린아이에게 달려드는 맹수를 물리친 소의 영웅담이 깃든 마을이다.

제주 입춘굿은 소와 관련된 의식 중 하나다. 나무로 만든 소를 끌고 다니면서 봄을 알리는데, 한 해 농사의 풍년을 기원하는 의미가 있다. 입춘 전후 흙이나 나무로 만든 소 인형을 세워 지나가는 백성들이 이를 보고 농사 준비를 할 수 있게 한 게 정적인 행위였다면, 입춘굿은 농사 준비를 알린 행동적 의식이다.

그러나 '한 외양간에 암소가 두 마리'라고 한다. 그렇게 좋은 암소지만 두 마리가 버티고 있는 외양간은 상상하기 어렵다. 아무리 소중한 거지만 그래서 더욱 딱 한 마리여야 하는 것이다. 나 자신 하나 더 구해서 마당에 두고 싶어도 참는 이유다. 봄부터 눈보라 치는 지금까지 옥잠화, 연꽃으로 특유의 아취를 즐기곤 했지만 딱 하나라서 돋보이는 것이다. 유일하게 '소가 크면 왕 노릇 하나'라는 부정적인 표현도 있지만 왕 노릇보다는 보이지 않는 데서 묵묵히 일만 하는 우직한 모습으로 비쳐진다.

소는 인간에게 그처럼 반려 같은 동물이었다. '소는 하품밖에 버릴 게 없다'는 말이 있을 정도다. 농기계의 등장으로 최고 노동력의 가치가 줄어들기는 했으나, 소고기와 우유는 식재료로, 소의 뿔과 가죽은 공예품과 일상품의 재료로 쓴다. 요즈음에는 찾기도 힘든 구유를 또한 구태여 말이 아닌 '소 여물통 구유였겠지'라고 상상하는 마음이 모처럼 따스하다. 오래전 구유에 쇠죽을 쏟아 부었을 때의 아련한 훈기처럼.

세월을 말하다

어느새 4월이다. 설레는 마음으로 신년 벽두를 맞은 게 엊그제 같은데, 그새 시간이 흘러서 봄이 되었다. 시간이 빠르다는 걸 느낄 새 없이 금방 또 여름이 되고 가을이 되겠지. 가을이 되고 겨울로 치닫는다. 새해 첫날에는 포부도 크고 계획도 많았으나 가끔은 무엇을 했나 싶을 정도로 착잡할 때가 있다.

시간은 곁눈질하는 일도 없이 앞으로만 나간다. 쏜살같은 세월이라지만 살은 재우는 과정이 필요하나 시간은 준비가 필요치 않다. 떨어진 화살은 주울 수가 있되 시간은 그럴 여지가 없다. 가끔 추억에 잠기는 일이 쏜살을 줍는 것 같지만 그동안에도 여전히 흘러간다. 해마다 지나온 날을 돌아보며 의미를 생각하는 것도 그 때문일까.

올해는 흐르는 세월에 대한 이례적인 감상보다는 시간의 속성과 묘리를 더듬어보는 것으로 마무리하고 싶다. 사는 것 자체가 시간과의 싸움이었으니까. 일 분 전만큼 먼 시간은 없다지 않은가. 1분을 허비한 사람은 반드시 1분 때문에 후회할 일이 생긴다. 유효 적절히 쓸 때는 프리미엄이 붙지만 허송세월한 시간은 무의미하다.

냇가에 버드나무가 치렁치렁 늘어졌다. 물가의 수많은 버들가지로도 흘러가는 세월을 잡아맬 수 없다는 탄식이 들려온다. 물가 혹은 시냇가마다 얼마나 많은 버들이 우거졌을지는 충분히 상상이 가능하다. 그런데도 세월 한 가닥을 잡을 수 없다는 탄식이 오늘따라 간절한 느낌으로 다가온다. 시냇가의 물은 더구나 쉬지 않고 흘러갔으니 세월도 빠르고 흘러가는 물도 빠른 감상에 젖곤 했을 것이다.

그래서 세월은 유수와 같다지만 어찌 보면 세월이 더 빠르다. 물은 겨울이면 얼어붙은 채 봄을 기다리기도 했으니까. 개울에서는 빨리 흐르다가도 냇물로 강으로 내려갈수록 완만해진다. 날씨에 따라 잔물결 또는 파도로 부서진다. 그에 비해 시간은 춥다고 혹은 따스하다고 속도를 감안하지 않는다. 어수선한 북새통이든 태평성대 호시절이든 사시사철 흘러갈 뿐이다. 세월이 얼른 갔으면 싶을 정도로 힘들 때도, 일이 잘 풀려 지금 이 시간이 영원했으면 싶게 아쉬울 때도 제 갈 길만 고수한다.

저축을 하듯 뚝 떼어 뒀다가 쓰기도 어렵다. 물처럼, 방죽에 가뒀다가 가뭄에 대비하듯 한가로운 날의 시간을 바쁠 때 꺼내 써도 좋으련만 될성부른 게 아니다. 물은 수증기로 증발된 것 같아도 구름으로 엉기고 다시금 비로 쏟아지는데 시간은 흐르는 족족 사라진다. 오죽해서 한 번 가면 영원히 돌아오지 않는 객(客)이라 하겠는가.

시간의 흐름에는 에러가 없다. 물은 넘치면서 전답을 휩쓸고 해일로 역류할 때가 있지만 시간은 다만 여일하게 흐른다. 아울러 그 때문에 시간만큼 공평한 건 없다고 하는 것이다. 천금으로 권력을 살 수 없는 것 또한 두루두루 공평한 속성 그대로다. 부자라고 더 주거나 가난하다고 박절하게 덜어내지도 않는다.

변덕을 부리지 않는 대신 일각이 여삼추로 느껴지는 것도 그 특징이다. 신선놀음에 도끼자루 썩는 것처럼 재미에 팔리면 세월 가는 줄도 모르지만 초긴장 상황에서는 1분 1초도 진력이 나게 길었다. 같은 시간인데도 상황에 따라 더디게 혹은 빨리 가는 것처럼 보인다. 쇠털같이 많은 날도 지루하지 않고 극히 짧은 순간도 가끔 지루하게 느껴지면서 수위 조절이 가능하고 탄력성이 유지되는 건 아닌지.

돌아보니 내 나이 어언 70이 넘었지만 아무렇게나 사는 마흔 살보다는 깊이깊이 생각하면서 사는 70대 삶을 추구하는 것이다. 사람은 또 나이를 먹는 것이 아니라 좋은 포도주처럼 마신다는 말이 있다. 나이가 어릴수록 물질적인 삶에 치중한다.

반면 나이를 먹을수록 차원이 높은 정신적 삶에 치중한다. 나이를 먹는 것은 즉 사물을 제대로 볼 수 있음을 나타내는 뜻이었기 때문에. 50이 되고 60이 넘어도 여전히 어리석은 사람은 끝까지 어리석은 사람으로서 방법이 없다.

무엇보다 그렇게 살기 위해서는 나이를 의식하지 않는 자세라 할 것이다. 뭔가 큰일을 이루기 위해서는 나이를 먹어도 여전히 패기를 갖고 사는 청년의 기질이 필요하다. 바쁜 사람에게는 나쁜 버릇을 들일 시간이 없는 것처럼 나이가 들어서도 꿈을 잃지 않는 사람은 늙을 시간이 없다. 아무리 나이를 먹었다 해도 배울 수 있는 만큼은 충분히 젊은 것을 인정하는 것이다.

이렇게 생각할 동안도 시간은 여전히 흐른다. 물보다 쏜살보다 빠르게 빠르게 흘러갈 테고 그에 맞춰 살아야겠지만 그런 중에도 나름 여유는 찾아야 할 것이다. 물의 역류는 사건을 동반하지만 시간의 역류는 추억의 방식이다. 앞으로만 나가는 시간이되 적절한 운치를 누리는 것 또한 나 자신이다.

사십 년 전의 일도 추억이라는 구실로 손바닥에 올려놓는가 하면 까마득한 미래도 상상으로 곁에 둘 수 있다. 이따금 떠오르는 추억과 상상 때문에 힘든 날을 견디는 것도 그 변수다. 막무가내 달리는 시간을 보면 가당치 않으나 한 눈 뜨고 꿈꾸는 사람처럼 발은 시간 위를 달리면서 눈은 하늘을 바라볼 수 있지 않을까.

거기 하늘이 푸르다면 아름답고 흐벅진 삶을 생각하면 되겠지. 가끔은 흐리고 바람 불어도 태풍이 지나가면 지금보다 훨씬 더 푸른 하늘이 다가온다. 얼마나 큰 소망인가. 일분일초를 유효적절 활용하는 날들에 분명 활력소가 되리라. 똑같은 조건이지만 어떻게 쓰느냐로 결과가 달라진다. 해마다 돌아보면 사건도 많고 곡절도 많지만 세월이 빠르다는 감회를 바탕으로 시간의 중요성을 인식하면서 삶의 내실을 다지는 것임을….

벌초를 하면서 초가을 단상

한참 가는데 갓길에 주차해둔 승용차가 보인다. 가까운 야산에 무덤 서너 장이 있고 몇몇 사람들이 분주하게 움직인다. 윙윙 돌아가는 예초기 소리와 함께 땀을 뻘뻘 흘리며 풀을 깎는다. 장례를 치를 경우 화장을 해서 뿌리는 의식이 팽배해 있다해도 아직은 조상의 묘를 돌보는 사람이 더 많은가 싶어 감회가 새롭다.

추석을 보름 정도 앞두고는 으레 벌초를 하게 된다. 그때는 처서가 든 시점이라서 풀은 더 이상 자랄 수 없고 당연히 벌초 시즌이다. 나 어릴 때의 기억만 봐도 초가을의 시작은 벌초와 함께였다. 아침저녁으로 조금씩 선선해지면 입추도 저만치 물러나 있다. 낮에는 여전히 뜨겁지만 밤으로 귀뚜라미 소리가 종종 들릴 즈음이다. 엊그제 우리도 벌초를 했던 것이다. 아침 일찍 출발해서 점심시간을 훨씬 넘긴 2시에 땀에 범벅이 되어 돌아왔다.

올해도 풀을 깎다가 벌에 쏘이고 뱀에 물릴 뻔했다는 말에 아찔해지다가도 그렇게 조상의 묘를 돌보는 거다. 고조부 이상 분을 모신 자리는 사촌들과 하므로 직접 관리하는 묘는 아버님과 어머님, 할아버지의 장지뿐이다. 자주 가지는 못해도 무슨 일이 있을 적마다 찾는 가족을 보면 마음이 푸근했다.

서울에 살고 있는 시누이 부부는 벌초를 할 때마다 살아계실 때처럼 안부를 여쭙고 인사를 드린다. 우리 아이들도 친정에 올 때마다 할아버지 산소를 찾아갔었다. 그럴 때마다 언젠가 본 무덤가의 정경이 떠올랐다. 삶과 죽음의 징검다리가 되는 의미가 스쳐 지나갔다. 가다 보면 꽃이 놓여 있었다. 어느 날은 국화꽃이 어느 날은 카네이션인지 안개꽃인지 모를 잔잔한 꽃이 보이곤 했다.

자식을 먼저 보낸 어머니가 찾아온 거라고, 또는 약혼자를 잃은 어여쁜 아가씨일 거라고 상상했다. 아내를 먼저 보낸 중년의 신사라고도 생각했으니, 그날의 기분에 의해 달리 상상되는 것도 오붓한 즐거움이다. 매번 꽃이 놓여 있는 걸 보면 찾아오는 주인공과 마주칠 법한데 그런 적은 없었다. 꽃바구니를 둔 채 근처를 서성이거나 지난 일을 회상할 것도 같았다.

더 관심이 가는 것은 묘지 주변에 둘러 있는 크고 작은 정원

수와 이름 모를 화초다. 1년에 한두 번 벌초하는 것과는 달리 자기 집 화단 마냥 손질을 하며 정성스럽게 가꾸는 손길이 그려진다. 삶과 죽음의 경계보다 뚜렷한 게 없다 해도 무덤에서만큼은 친근해질 수 있다. 살아 있으면서도 죽은 자의 거취를 생각하고 신경을 쓸 수밖에 없는 단면 또한 묘지를 찾는 과정에서 파생될 법하지 않을까.

벌초는 묘지를 관리하는 차원이다. 요즈음 같이 한창인 때는 명절에 귀성객이 몰리는 것처럼 붐빈다. 묘지의 풀을 깎는 등 손을 보다가 돌아가려면 얼마나 고생일지 상상이 간다. 그럴 때마다 화장을 해서 물에 뿌리는 장례 문화가 잘 들어왔다는 말들을 하지만 나는 어쩐지 꺼림칙하다. 힘들다는 이유로 조상을 받드는 일에 인색하다면 무슨 일인들 할까 싶다. 선산이 없고 장지를 마련할 여력이 없다고 납골당을 선호할 건 아니다. 벌초를 대신 해주는 업체까지 생겼다. 바쁘면 그렇게라도 추석에 성묘를 가는 구실을 만드는 거다.

벌초를 하고 성묘를 할 동안 고인과의 유대가 두터워진다. 얼굴을 붉힌 관계도 죽고 난 뒤에는 애틋해진다. 관속에 들어간 뒤에는 패륜아에 무뢰배 역시 기구한 삶을 산 듯 짠해진다. 산소 앞이라 조심스럽기는 해도 옛일을 더듬으며 살면서 못다 한 회포를 풀고 마지막 남긴 유지를 새긴다. 나중에는 누구에게나 있는 허물 즉 돌아가셨으니까 들먹일 수 있는 험담이 나온다. 장점이 지나쳐 은근히 힘들었다는 투정이 훨씬 더 좋은 결론으로 이어졌다는 얘기가 많다.

납골당의 오지항아리에도 화장을 하고 난 유골은 들어 있지만 산소를 찾아갈 때 같지는 않을 것이다. 한 줌 유골을 볼 때야 당연히 경건해지겠지만 산이 있고 새가 울고 바람이 불 때마다 나무가 악기로 되는 숲속과는 다르다. 할미꽃은 물론 구부러진 소나무가 떡하니 지키고 있는 걸 보면 남의 집 무덤일지언정 마음이 편해지는 것도 그 때문이다. 죽은 사람을 찾아가는 거지만 직접 인사를 드리는 자체에 의미가 있다. 성묘를 하면서 밤, 대추를 따올 때가 있는데 자생하는 만치 벌레투성이라도 얼마나 소중했던지.

이제 열흘 남짓이면 추석이 된다. 1차 행사인 벌초가 끝나고 다음에는 집안을 정리하면서 추석맞이 준비에 들어간다. 어릴 때 같으면 창호지를 새로 바르고 문풍지도 겹쳐 대면서 찬바람에 대비하겠지만 커튼을 뜯어서 빨고 방충망과 유리창의 먼지를 닦아내는 것으로 끝냈다. 내일은 도라지를 캐서 말리고 항아리에 넣어둔 고사리도 거풍을 시켜야겠다. 추석에 쓸 나물거리로는 도라지와 고사리가 단연 최고였으니까.

이번에는 차례를 지내고 성묘를 하면서 고할 일이 많을 것 같다. 결혼한 지 17년 차 되는 큰딸 내외도 이번 추석에는 공부에 바쁜 손자를 데리고 올 요량인가 보았다. 모처럼 녹두를 타서 부침개도 만들고 퍼렁콩을 넣은 송편도 빚어야겠다. 음력이 빨라지면서 구월 중순에 든 만큼 올 추석은 어쩐지 아기자기한 초가을 분위기로 장식될 것 같아 뿌듯한 기분이다. 더도 덜도 말고 한가위처럼 이야말로 하늘이 높고 말이 살찌기 시작하는 전형적인 가을 명절이었기 때문이라고 상상하는 것이다.

파김치

저녁에는 파김치가 되었다. 김장을 마치고 남은 뒷설거지를 하다 보니 손끝 하나 움직일 수 없이 녹초가 되고 말았다. 해마다 11월이면 동치미 담그는 일부터 총각, 무김치, 배추김치까지 담그려면 허리가 휜다. 어른들 말씀에 작년 다르고 올해 다르다고 하더니 나이가 들면서 갈수록 힘들어진다. 나 자신 늙어가는 게 당연한 것으로 여기면서도 초겨울이면 한차례 파김치가 되고 보니 인정할 수밖에 없는 사실이다.

파김치는 신경을 쓰거나 일을 많이 해서 몹시 지쳤을 때 쓰는 말이다. 아울러 담그기 전의 수북했던 것이 거짓말처럼 푹 까라진 상태를 아울러 뜻한다. 모든 김치가 소금이 들어가면 부피가 줄어들기는 하나 파김치가 유독 표가 많이 나서인지 피곤하고 녹작지근할 때 자주 인용하게 된다.

파김치는 그렇듯 노곤하고 무거운 느낌이었으나 담그는 건 의외로 간단하다. 다듬기는 번거로워도 파 마늘 등의 갖은 양념을 찹쌀 풀에 개어 배추 속 넣듯이 발라주기 때문에 수월하고 무엇보다 맛깔스러운 게 특징이다. 쪽파의 새파란 잎에 고춧가루 양념이 들어갈 때의 붉은 색감도 유달리 산뜻하다. 다른 김치는 소금을 넣으면서 푸른 빛깔이 약해지고 숙성하면서 퇴색하는데 파김치만은 거의 바뀌지 않아 신선한 느낌이다.

특이한 것은 소금이나 액젓을 미리 뿌려 간이 배도록 하는 것인데 그럴 때 부피가 많이 줄고 걸쭉한 속을 넣다 보면 소위 말하는 파김치가 되도록 줄어든다. 처음 담글 경우 번번이 짜게 되는 것도 씻어 건지면 다시 살아나고 무척 많은 것처럼 보여서 소금을 잔뜩 넣는 까닭이다. 푸성귀는 푹 죽을 걸 생각해서 소금을 넣지만 줄어드는 것도 가량이 있고 파김치가 특별히 더 많이 줄기 때문에 신경을 써야 되는 것이다.

가장 큰 특징은 기운 없이 지쳐 버린다는 뉘앙스 말고 김칫거리가 마땅치 않을 때 파 한 단만으로 간단히 담글 수 있다는 그 점이 아닐까. 쉽게 담근 것 치고는 맛 또한 칼칼하고 신선해서 서민들의 식품으로 적격이고 특별한 반찬이 없을 때 아주 요긴하다. 힘들어도 보기보다 수월한 게 있고 감춰둔 맛 또한 특이하다면 겉만 보고 속단할 게 아니라는 걸 파김치를 담글 때마다 배운다.

열무 또한 씻어 건지면 뻣뻣하게 살아나서 무척 많은 것 같지만 소금만 들어가면 절반 이상 줄어드는데 얼갈이배추는 의외로 줄지 않는다. 부드러운 얼갈이보다 열무가 더 오래 걸릴 것 같지만 기실은 뻣뻣한 푸성귀가 더 쉽게 절여지는 게 특이하다면 특이했다. 우리도 피곤할 때 열무김치나 파김치마냥 푹 까라지는 유형과 얼갈이배추마냥 약간만 줄어드는 사람 등 여러 케이스다. 평소 왈가닥 같은 사람들이 오히려 민감한 데가 있다. 뭐랄까, 튼실하게 생긴 것과는 달리 쉽게 피곤을 느끼지만 기질이 보드랍고 유순한 사람들이 오히려 잘 견디기 때문에 보기보다 강단이 있다는 소리를 듣는 게 그 좋은 예다.

나물을 데칠 때도 고사리와 도라지 같이 차분한 것은 데치기 전과 거의 비슷한데 까슬까슬한 취나물 등은 푹 줄어든다. 억세고 뻣뻣한 만치 부드러워지고 그만치 잘 죽는 거라면 애당초 부드럽기 때문에 더 이상 줄어들 게 없다는 의미다. 그보다는 사람을 대할 때 억센 사람이 오히려 다루기 쉽고 부드러운 사람이 흔한 말로 애 먹인다고 하듯 보기와 전혀 다른 게 세상이라면 거의 틀림없다. 달리 보이는 그 자체를 나쁘다고 하는 게 아닌, 그런 식으로 대하지 않으면 뜻밖의 오류에 시달릴 수 있다는 뜻이다.

시계를 보니 그새 자정이 넘었다. 한참 쉬고 나서인지 피곤이 좀은 풀렸다. 내년에도 김장철이 되면 또 올해와 똑같이 시달릴 것을 안다. 김장을 할 때마다 올해만 해주고 끝이라고 거듭 되뇌지만 이듬해가 되면 예의 또 배추를 심어 가꾼다. 스스로도 못 말리는 일이지만 모든 어머니들이 1년마다 치르는 김장 후유증일 것이다. 파김치가 되도록 시달릴 때는 힘들지만 며칠 쉬면서 새로운 에너지를 충전할 수 있음 또한 나쁘지는 않다.

녹초가 될 만치 지치지 않으면 대부분 일을 계속하는 게 보통이고 건강에도 적신호가 따른다. 일단은 쉬어 주기 위해서라도 어쩌다 파김치가 되는 건 유익하다. 겨울이면 김장욕심 때문에 한바탕 곤욕을 치르지만 맛있게 담근 것을 딸들에게 보내고 나면 파김치 기억도 까맣게 잊는다. 그래서 늘 병으로 시달리지만 그게 곧 인생이다. 파김치라고 할 만치 푹 까라진 채 숙성되어 한결 맛있는 것처럼 지친 만큼 더욱 새로운 활력소가 생긴다는 걸 거듭 숙지해 본다.

안개 속에서

골안개가 잔뜩 끼었다. 밤새 쏟아지던 비가 조금씩 그치면서 골짜기마다 안개가 연기처럼 피어오른다. 멀리서 보니 빗자루 들고 쓸어낼 수도 있을 것 같다. 또는 한 삼태기 가득 퍼서 마당가에 휙 뿌려도 될 성싶다. 마음까지 촉촉해진다. 비가 온 다음에는 으레 싱그러운 느낌이지만 골안개까지 서려 있으니 그럴 수밖에 없다. 안개가 끼는 날은 답답한 느낌인데 골안개는 오히려 상큼하고 시원스럽다. 똑같은 안개도 달리 보일 수가 있다. 무슨 뜻일까.

안개와 비슷한 거라면 구름이 있다. 안개는 지표면 가까이에 아주 작은 물방울이 부옇게 떠 있는 현상이고 하늘 높이 떠올라 있을 때는 구름이 되는 셈이다. 안개가 만들어지기 위해서는 낮 기온이 높은 대신 밤에는 급격히 떨어지는 날씨가 적당하다. 쉽게 말해서 일교차가 크고 습기가 많을 때 자주 생긴다. 그런 날씨에서는 수증기를 응결시킬 알갱이가 충분히 만들어진다. 그러니 주로 새벽 또는 아침 일찍 생기면서 교통 혼잡을 일으키는 것도 자연스럽다.

하지만 그 안개도 골안개가 되면서 오히려 고즈넉해진다. 똑같은 물방울 덩어리지만 구름으로 하늘 높이 올라가 있을 때도 운치가 있다. 누군가는 구름이 되어서 어디든 마음대로 가고 싶다고까지 한다. 그렇듯 자유로운 뉘앙스였건만 지표면 가까이에 머물러 있을 때는 눈곱이 낀 것처럼 흐릿해진다. 꿈을 꾸는 듯 혹은 아직도 잠이 덜 깬 것처럼 뒤채곤 하더니.

지척에 두기 때문이다. 실제 안개라고 하면 1,000m가량의 시야가 확보되지 않은 상태를 말한다. 에워싸는 듯 포위하는 듯 밀려들 때는 한치 앞도 분간하기 어렵다. '안개 낀 날에 소 찾듯이'라는 속담 또한 목표도 없이 막연하게 찾아 헤매는 모습을 뜻한다.

사는 것 또한 뭐가 뭔지 가닥이 잡히지 않을 때가 있다. 안개가 낀 것처럼 진퇴양난이지만 잠깐 높이 두는 것도 괜찮지 않을까. 지금은 어려움이고 고통이지만 햇빛이 나면 일시에 사라지고 시야가 확보되기도 한다. 사는 게 힘들다는 것은 안개가 끼었다고 투정하는 것과 다름이 없다. 안개라고 해서 답답하다고만 여기면 비전이 없다. 후련하게 걷히지도 않고 흐린

날 연기처럼 꾸역꾸역 몰려들 때는 울화가 치밀지만 생각을 바꿀 수도 있어야 하리. 태풍이 지나고 나면 훨씬 더 푸른 하늘처럼 걷히고 나면 유난히 맑고 따스해지는 것도 안개나라의 랜드마크인 것을.

나로서는 어릴 때부터 친근했던 현상이다. 내 고향 바닷가에는 툭하면 안개가 끼었으니까. 아침 일찍 책가방을 들고 바닷가에 나가면 자오록한 안개가 첩첩산중보다 두껍다. 하지만 수평선 멀리 돛단배 한 척이 그 속을 뚫고 어렴풋 보일 때는 환상이 따로 없다. 푸른 물결을 가르고 나타나는 배도 멋있지만 자오록한 안개 속에서 살포시 이마를 쳐드는 모습도 눈길을 끌었다.

용이 승천할 때는 안개가 낀다더니 바다에는 해룡이라도 있는 게 아닐까 싶은 생각까지 들었다. 바다로 면해 있는 절벽의 소나무를 봐도 육지에는 낙락장송이 있지만 바닷가에는 해송이 있다. 육지에도 구부러진 소나무는 있지만, 바닷가에서는 하늘 높이 뻗은 소나무를 보기 힘들다. 짭짜롬한 갯내와 매서운 바람 때문이리라. 민물이 모여서 안개가 된 육지의 그것보다는 내 고향 바다에서는 좀 더 묵직할 것 같은 느낌이었다. 민물에 비해서 바닷가의 수증기는 다소나마 염분이 들어 있을 테니 말이다. 그래서 소나무도 해송이라고 따로 부르지 싶다.

내가 기억하는 해송은 늘 빈약해 보였다. 보통의 소나무처럼 하늘을 향해 쭉쭉 뻗어간 것보다는 구부러진 게 많다. 물결만 부딪치는 언덕에서 더구나 모진 바위틈에 뿌리박고 보니 그럴 수밖에 없다. 못생긴 소나무였건만 더 정이 간다. 곧은 소나무는 다 잘려 나가고 굽은 소나무가 선산을 지킨다고 했다. 못난 자식이 효도를 한다는 뜻이지만 못난이 소나무도 바닷가 절벽에서 의연하게 뿌리박고 보니 훨씬 고풍스럽다.

정원에 뿌리박고 있었다면 말 그대로 못생긴 나무였을 테니 상황은 달라졌을 것이다. 정원이 아닌 산에서 뿌리박은들 달라질 게 없다. 재목감으로 적당한 나무는 진즉에 잘려 나갔다. 하지만 못생긴 그 나무는 아무짝에도 쓸모없이 그냥 남아 있었다. 얼마 후 근처에 묘가 생기면서 자연스럽게 묘지기처럼 붙박아 지냈다. 산자락 밑의 마을에서 초상이 났을 것이다. 그들은 선산에 장사지냈고 마침 못생긴 소나무가 있었다. 본의는 아니었지만 끝내는 선산을 지키는 짝이 났다.

구불구불한 해송 또한 용틀임하듯 얽혀 있지만 바닷가라서 그나마 대접을 받는다. 못생긴 소나무 역시 선산 옆에서나 묘지기처럼 대우를 받는 것처럼 말이다. 안개는 답답해도 허공을 떠가면 구름이 되어서 한껏 자유롭지 않은가. 우리 또한 사는 게 빈약할 때가 많다. 남 보기에 민망하고 구차스럽고 그렇지언정 눈길만은 하늘 높이 두어야 할 게다.

아름다운 공작은 화려한 날개를 가지고도 땅을 끌며 다니지만 수수하게 생긴 학은 앙상한 날개로도 높으나 높은 하늘을 날아다닌다. 우리도 얼핏 화려해 보이지만 속세에 끌려 다니는 것처럼 아울러 겉으로는 수수해 보이지만 그 생각과 차원도 푸른 하늘도 모자란 듯 고상한 삶도 있다. 그렇게 살고 싶다. 안개가 답답한 것은 있어도 하늘 높이 올라갈 때는 구름으로 바뀌면서 비가 되어 쏟아지기도 하고 한겨울에 함박눈으로 펄펄 날리기도 하는 것처럼.

돌덩이 달고(達固)

오늘은 이웃집 복숭아밭에서 적과를 하는 날이다.

평소 절친하게 지내오던 이웃집의 딱한 사정을 그냥 지나칠 수가 없었다. 농사철이다 보니 당연히 일손이 부족하다. 오죽해서 문외한인 내게까지 청이 들어왔을까. 여름이면 고양이 손이라도 빌릴 만치 바쁘다는 게 실감이 간다. 우리 마을은 복숭아 농가가 워낙 많다 보니 일손이 한꺼번에 몰리기 때문에 그리 곤욕을 치르는 성싶다.

가서 보니 내가 할 일은 복숭아 적과였다. 무슨 큰 도움이 될까만 우선은 장갑을 끼고 모자 눌러 쓰고 토시 끼고 아침 일찍 산속에 있는 복숭아나무 앞에 섰다. 막상 적과를 하려니 알이 제법 굵다. 하기야 꽃이 피고 지고 벌써 한 달이 되었으니 서두를 수밖에 없다. 이웃이 일러주는 대로 한 가지에 두세 개

정도만 따고 나머지는 거리를 주면서 훑어내기 시작했다. 수십 년 동안 복숭아 농사에 단련된 이웃들의 손놀림에는 어림없지만 이렇게라도 하면 조금이라도 도움은 되겠지.

딴에는 열심히 적과를 하다 보니 어느새 한나절이다. 쉴 참이라 음료수와 빵을 먹었다. 문득 저만치 육중한 돌덩이가 보였다. 처음 보는 물건이라 의아해서 물어보니 달고라고 한다. 달구의 옛말로 이를테면 집터를 다질 때 쓰는 돌이다. 그 말에 혹하여서 나 주면 안 되느냐고 부탁했다. 그러자 그 이웃은 뭐 그깟 정도야 하는 것처럼 선선히 응낙했다. 어찌나 좋은지 몰랐다. 예로부터 흔히 쓰던 물건이지만 지금은 누구도 관심을 두지 않는 물건이다. 가령 집터를 다진다 해도 포클레인이니 콤바인 등 중장비 농기구가 흔하다. 그중 어떤 것으로 터를 다지는지는 몰라도 요즈음 같은 시대에 그 옛날 여러 사람이 어깨에 메고 다지는 원시적인 기구를 쓸 사람은 없을 것이다. 그러니 절친한 동무네도 한동안 관심을 두지 않은 채 밭모퉁이에 방치되어 있었던 것은 아닐까.

즉시로 경운기에 싣고 뒤뜰에 갖다 놓으니 세상을 다 가진 듯 흐뭇하다. 힘들여 가져온 어르신께 몇 번이고 인사를 드렸다. 이런 물건이 생겼다는 게 어찌나 기쁘고 좋은지 몰랐다. 맷돌이니 절구 등 민속용품을 좋아하는 나로서는 커다란 횡재였다. 논둑을 다지던 가래처럼 두 가닥 끈에 돌덩이를 달아 놓았다. 그것을 메고 앞서거니 뒤서거니 하면서 집터를 다지는 셈이다. 집터 달고의 쓰임은 다지는 것으로만 활용한단다.

집터가 산 사람의 평생 보금자리라면 묘 터는 죽은 자의 영원한 휴식처였으니 밟고 밟고 또 밟으면서 집터만치나 신중을 기했을 것이다. 집터는 잘못 틀어지면 대들보가 무너질 테니 자못 큰일이다. 단단하게 다지지 않은 묘 터 역시 봉분이 갈라지면서 자손들로서는 씻지 못할 불효가 된다. 달구의 중요성이 떠오르고 효율적인 작업을 위한 달구지 노래도 그 때문에 나왔을 법하다.

가령 고을마다 가락은 천태만상이지만 공들여 다진 그 집터에서는 딸이 태어나면 열녀가 되고 개가 나면 사냥개가 된다는 덕담이 구성지다. 요 집 지성 삼 년 만에 아들을 나면 충신동이 말을 나면 용마로다. 어허렁 달구 어허렁 달구. 더구나 닭을 나면 봉황이 될 테니 온 천하 부귀영화는 다 여기 다 들었노라던 호기가 장하다. "금생 여수 아니면 금이 어디 있을까마는 더불어 옥출곤강 아니지만 요 집터엔 금도 많으니 어허렁 달구 어허렁" 달구소리가 어제인 듯 선하다.

내 마음도 그렇게 다질 것을 소망해 본다. 집을 지을 때는 기초공사가 중요하다. 집터를 허술하게 다지면 건물을 올린 다음에 모양이 틀어질 수 있다. 그래서 달구지가 필요한 것처럼 나 또한 마음 자세와 생각이 흩어지지 않도록 꼼꼼히 다지는 과정은 필요하리라. 그냥 발로 밟기 정도로는 아무리 생각해도 미흡하다. 집을 짓는 이상 한두 해 살고 말 것은 아니기 때문이다. 결국 여러 사람이 튼튼한 밧줄로 어깨에 걸고는 달구놀이라 해서 일삼아 터를 다지는 것이다. 바로 그럴 때 쓰는 기구가 밭모퉁이에 아무렇게나 버려져 있으니 나로서는 보물이나 발견한 듯 부랴부랴 싣고 왔던 것이다. 돌덩이에 깃든 선조들의 구성진 가락을 생각하면서.

아무튼 오늘은 기분 좋은 날이다. 지금은 몰라도 옛날에는 흔해 빠진 달구였다. 그나마 큰 보물이라도 얻은 것보다 더한 마음은 왜일까. 커다란 자연석 돌에 큼지막한 구멍이 뚫린 것으로서 거기에 튼튼한 밧줄을 걸고 여러 명이 다지는 모습에서 터를 중요시하던 정서를 생각한다. 집터는 양택, 묘 터는 음택이라고 똑같이 중요시했던 풍습이 때로는 고리타분할 수도 있으나 그로써 자손의 안녕을 기원했던 것을 보면 예사로운 물건은 아니다.

달구 모양이 새삼 묘하다. 그 가락은 또 말하자면 자손의 안녕을 구도하는 알뜰한 마음의 표현 수단이었다. 정성은 간절하지만 무거운 돌덩이다 보니 멜로디에 맞춰 작업을 치르면 힘든 과정을 다소나마 약화시켰다. 우리나라에서는 예로부터 일을 할 때마다 가락이 등장했다. 권농(勸農)을 주제로 하여 농가에서 일 년 동안 할 일을 달의 순서에 따라 읊었던 것이다.

당연히 모내기를 할 때의 노래가 있고 김매기를 할 때도 특유의 가락이 있었다. 집터를 다지는 게 농사는 아니지만 유달리 힘들고 또 평생 살아야 될 집의 기초를 다지는 것이니 달구지 노래를 부르면서 작업을 진행했을 것이다. 그로써 우리는 땅을 다지듯 삶의 기초를 다져야 되는 가치관을 정립해본 것이다. 훈풍이 불어오는 오월 끝자락에서.

들고양이

마을 어귀에 들어섰다.

갑작스러운 기척에 놀라서 보니 고양이 한 마리가 바쁜 듯 골목길을 돌아나간다. 우리 집과 이웃집을 근거지로 해서 쓰레기통을 뒤지고 먹을 것을 찾는 녀석이다. 새까만 줄무늬의 털은 꾀죄죄하고 초라한 행색이지만 날카로운 눈매가 예사롭지 않다.

제 힘으로 살자니 항상 긴장된 날들인지 몰라도 꿋꿋이 사는 게 그렇게 대견할 수가 없다. 유난히 따스한 곳을 좋아한다는데 바깥바람 쐬면서 스스로 먹을 것을 찾아야 하니 힘들었을 것이다. 제 힘으로 가족을 건사하는 가장인지 또는 혼자서 새끼를 키우는 어미 고양이인지도 모르겠지만 고생스럽게 사는 모습이 눈에 보이는 듯하다.

애완동물이 흔하다. 강아지는 물론이고 고양이까지 키운다. 아늑한 방에서 끼니마다 주는 음식을 먹고 밤이면 포근한 잠자리에서 잠을 잔다. 동물에 대한 애착이 남다른 사람들이다. 수시로 목욕을 시키고 털을 손질하기 위해서 미용실까지 데려간다. 병이 생기면 수의사를 찾아가는 등 지체 없이 관리해준다.

하기야 옛날에도 개와 고양이는 대우를 받았다. 지금처럼 별도로 먹을 것을 사서 비축해 두지는 않았어도 먹고 남은 밥이지만 끼니때마다 챙기는 등 신경을 써왔다. 개는 마당까지 허용되었으나 고양이는 특별히 부엌과 대청마루에까지 출입이 가능했다. 귀족적으로 생겼기 때문이었을 것이다. 또렷하고 말끔한 얼굴과 반지레한 털이 동물이라 해도 식구처럼 지낼 수 있는 조건이었다.

하지만 들고양이는 전혀 다르다. 내가 본 고양이처럼 털은 곤두서 있고 까칠한 얼굴은 핏발이 서 있다. 따뜻한 곳에서 편하게 먹고 잘 때는 귀족적인 모습이 막상 밖으로 나와 방황하게 되면 천양지차로 바뀐다. 스스로 먹이를 구해야 되기 때문에 야생은 절박할 수밖에 없다. 눈보라에 떨고 비바람에 시달리면서 참으로 고생이나 야생도 나름 생활방식이었다. 하루하루가 긴장의 연속이기는 해도 우리 또한 시련과 고통을 통해서만 강한 영혼이 탄생하고, 통찰력이 생기고 일에 대한 영감이 떠오르며, 마침내 성공할 수 있다. 쾌적한 환경에서는 강한 인간이 만들어지지 않는다.

야생동물과 길짐승의 차이는 그렇게 뚜렷하다. 개와 고양이를 제외한 닭을 봐도 모이를 받아먹으면서 편하게 지낸다. 암탉은 달걀을 낳고 수탉은 아침마다 홰를 치면서 시간을 알려주지만 목적이 있어서 키우는 만큼 올가미의 행복일 뿐이다. 게다가 여름이면 삼계탕을 찾는 사람들 때문에 수난을 겪는다. 그게 아니라도 언젠가는 죽게 되지만 함께 지내온 닭이 죽는 것을 보는 마음이 오죽할까. 오리 또한 알을 낳을 때는 좋은데 나중에는 고기를 탐하는 사람들 때문에 똑같은 신세가 될 테니 길짐승의 불행이 선하다.

편해서 좋기는 하지만 죽는 것조차 자유롭지 못하다. 요즈음 애완동물은 그에 비해 호사스럽게 살기는 해도 그게 과연 전부일까. 우리 집 근처를 어슬렁대는 들고양이처럼 추워 떨고 비바람에 시달리지는 않으나 마당도 없는 집에서 더구나 갑갑한 방안에서 던져주는 밥을 얻어먹는 생활이 글쎄 나 자신 자유분방한 성격 탓인지 내키지는 않는다.

산책도 함께 가기는 하지만 주인의 행동반경을 벗어날 수는 없다. 제멋대로 다니게 할 수도 있으나 동물의 본능은 야생이다. 그리되면 언젠가는 도망치게 되어 있다. 숲이나 들 같으면 괜찮은데 교통사고를 당할 수 있다. 목사리 흔적이 남아 있는 개처럼 일정한 울타리 안에서의 행복에 빠져드는 경우도 있지만 대부분은 야생의 자유를 원한다. 본능을 억제하면서 갇혀 지내는 게 편하게 보일지는 몰라도 진정한 자유를 생각하면 불행이다.

애완동물을 키우는 사람들에 대한 비난은 결코 아니다. 그들은 따스한 방안에서 거실에서 안락하게 키우는 것을 나름 동물에 대한 사랑으로 알고 있을 테니까. 그 사랑이 극진하다 보니 곁에 두고 키우려는 심리적 발상이었을 터. 그에 비해 나로서는 동물의 사랑은 야생인 그들의 본성을 존중해서 놓아 키우는 게 좋지 않을까 싶은 거다. 우리 집 옆의 들고양이가 힘들고 초라해 보이지만 그렇게 잘 살라고 응원하고 싶은 마음도 그 때문이다. 배부르고 등 따신 것은 없지만 그래도 자유는 있지 않은가.

오늘처럼 안쓰럽게 느껴지는 것도 나름 철학은 있으려니. 새끼 적부터 혼자 살아온 것일 수도 있고 도중에 가족을 잃고 방황일 수도 있으나 자유 없는 안락보다는 행복하다. 배는 고프고 추워도 주인의 비위를 거스를까봐 전전긍긍하지 않아도 된다. 모든 고양이는 처음부터 야생이었으니까. 어떻게 해서 사람들에게 길들여졌는지 몰라도 내가 아는 그 녀석만큼은 꿋꿋이 살아갈 것을 믿는다.

동화 속의 작은 집

해묵은 집 뜰에도 봄이 왔다.

울타리를 돌아가며 탐스럽게 핀 개나리가 보였다. 그 사이로는 자운영과 제비꽃이 함빡 어우러졌다. 아직은 초봄인데도 양지바른 곳이라 볕이 따스하다. 하늘은 파랗고 날아가는 산새들 날갯짓도 오늘따라 경쾌하다.

여기는 음성군 감곡면 영산리 585-3번지에 위치한 공산정 고가이다. 하늘로 치솟은 뉠리리야 기와지붕이 날아갈 듯하다. 사랑채 굴뚝에는 갓 불을 땐 듯 그을음이 덕지덕지 앉았으나 돌담 사이로 푸른 이끼가 지난 곡절을 말해주는 것처럼 선명하다.

특별히 눈에 띄는 것은 뒷산으로 여러 그루의 소나무였다. 축축 늘어진 가지와 아름드리 줄기가 100년은 족히 되어 보였다. 모르기는 해도 집을 지을 때부터 있었겠지. 겨울에도 푸른 기상을 드러내면서 오랜 세월 이 집의 수호신으로 늙어오는 동안 가지가 찢기고 옹이가 박히면서 아름드리 낙락장송으로 자랐을 거다. 더불어 그 아래 옹기종기 모여 앉은 장독 항아리가 수다를 떠는 듯 무척이나 정겨운데 그 위로 봄볕이 담뿍 쏟아지고 있다.

우리 집 마루에서 보는 고택의 풍경이다. 담 하나를 사이에 두고 이웃집처럼 보이는 그 집은 한눈에도 무척이나 고풍스럽다. 음성군 중요민속문화재 143호로 지정 당시 명칭은 '음성서정우가옥(陰城徐廷禹家屋)'이었다. 공산정고가로 바뀐 것은 마을 뒷산이 '公'자처럼 되어 있고 과거 정자와 정자나무가 있어 공산정이 마을로 불린 것을 반영하여 2007년 1월에 '공산정 고가'로 바꿔 불렀다고 한다.

공산정은 김정인이 외가 마을에 지은 기와집이다. 순조 말에 태어난 그는 외가였던 공산정에 기와집 수십 칸을 지었다고 한다. 공산정 마을은 지금도 전주 류씨 집안으로 집성촌을 이루고 공산정 고가는 그중 유일하게 남은 고택이었을 것이다.

몇 해 전부터는 관광객들이 가끔 공산정 고가를 찾아온다. 지방 문화재라서 그런지 답사를 하는 듯 꼼꼼히 체크하는 학생들과 노신사분들이 많다. 사진을 찍고 어떤 학생들은 마을 사람들을 찾아다니면서 이미 알려진 것 외에 더 많은 것을 캐묻기도 했다.

엊그제는 50대 후반 중년의 부인들 서너 명이 다녀갔다. 한 눈에도 동네 친목계 팀원으로 보이는 젊은 분들이다. 그날도 텃밭에서 파를 다듬고 상추를 뜯는 중이었다. 한낮이 겨워 새참이라도 먹어야겠다 싶어 집으로 오던 중 고가를 둘러보면서 뭐가 그리도 즐거운지 희희낙락하는 그들을 보았다. 가벼운 등산복 차림의 그네들은 영락없는 스무 살 철부지들처럼 보였다. 골목을 돌아 울타리에 들어서는 나를 보고는 동화 속의 작은 집이라고 호들갑이다. 어쩜 그렇게 예쁜 집이냐고 어쩜 또 그렇게 고풍스럽고 예스러운 집은 처음이라면서.

그중 몇몇은 마당까지 들어와서는 시골에 살게 된 연유를 묻기도 했다. 아이들 다 크고 직장에서 퇴직한 뒤 온 거라고 했더니 자기도 나중에는 전원생활을 하고 싶단다. 가끔은 불편할 때도 있겠지만 동화 속의 작은 집에 살 수 있으면 그 정도는 참아야 될 거라고 장담을 하는 사람도 있다.

하기야 내가 봐도 참 아름다운 동네이다. 노령산맥의 지맥으로 원통산 주봉에서 내려 뻗은 마을 뒷산의 산세가 귀공자 같다는 설도 있으니 충분히 짐작할 수 있다. 그런 곳에서 남들이 보면 동화 속의 작은 집이라고 할 정도로 앙바틈한 집에서 살고 있으니 나름 행복하다. 가만히 있어도 고택의 소나무는 푸른 기상을 뽐어내고 오래된 집 내력은 두 손을 맞잡게 할 정도로 경건하고 고즈넉한 분위기였다. 잠깐이지만 도회지 사람들이 이따금 찾아와서 내일을 위한 휴식을 취하고 싶어 할 정도로 그렇게.

얼마 후 그들은 고가를 떠났다. 지금은 찾아보기 힘든 옛 기와집이다. 공산정 고가만 봐도 민속촌에 온 것처럼 설렜는데 동화 속의 작은 집 같은 우리 집 때문에 훨씬 더 좋은 추억을 가져간다면서 언덕을 내려가는 뒷모습이 별나게 수수롭다. 그 위로 석양을 등진 채 서 있는 오래전의 고택이 자못 고풍스럽다. 우리 집 또한 그로써 더욱 아름다운 동화 속의 작은 집으로 기억될 테나 이 봄에 나 역시 좋은 기억 하나 만들었다.

배합의 묘리

뽀얀 국물을 보니 모처럼 만든 식혜가 제법 잘된 것 같다. 밥풀이 동동 뜨는 것 하며 맵싸한 생강내와 달착지근한 질금내가 풍기는 맛도 제법 정갈하다.

식혜를 만들기 위해 사흘 전부터 분주를 떨었다. 먼저 질금을 빨아서 물을 받아 놓는다. 초겨울에 보리를 길러서 파랗게 싹 틔운 것을 간수했다가 광목자루에 넣고 바락바락 주물러 빨면 뽀얀 물이 나온다. 그것을 받아 한 이틀 두면 찌꺼기는 가라앉고 그것을 식혜 밥에 붓는 것이다. 일정한 시간이 지나면 밥풀이 뜨고 그것을 솥에 부어 팍팍 달이지만, 열어봐서 잘 삭지 않으면 두툼한 코트를 입혀서 따뜻하게 데워 주기도 했다. 다 삭으면 솥에 끓이는데 주걱으로 거품을 일일이 떠내야 국물이 말갛다.

내가 직접 식혜를 만들어본 것은 이즈음이다. 질금을 빨고 하는 것 등은 해왔지만 식혜 밥을 안치고 할 때는 어머니가 직접 하셨다. 그러다가 거동이 불편해지면서 내 손으로 하다 보니 꽤 늘었다. 어머니가 손을 놓으시고 처음 할 때는 이상하게 맛이 없었다. 직접 해보지는 않았어도 눈으로 본 게 이십여 년이다. 밥이 삭을 때 밥풀이 얼마나 떠야 되는지 혼란스러웠지만 몇 번 하다 보니 그도 이력이 났는데 모를 일이다. 국물도 적당히 뽀얗고 밥풀도 알맞게 뜨는데 이유를 모르겠다.

그러다가 하루는 밥을 많이 안쳐야 달다는 말을 들었다. 그 말대로 많이 안쳤더니 비로소 맛이 났다. 결국 밥이 문제였다. 명절이나 생신 때 식혜를 먹고 나면 밥풀만 남고 결국 버리는데 그게 싫어서 조금 안치다가 맛을 버렸다. 어머니가 하실 때 밥풀이 많아서 버리는 게 반이었어도 그 때문에 달고 시원했다는 게 새삼스럽다. 내가 처음 할 때를 생각하니 식혜 국물에 비해 밥풀은 적었다. 밥풀이 남지는 않아서 좋았으나 그래서 제 맛을 낼 수 없었던 걸 보면 아끼는 것만이 능사는 아니지 싶었다.

배합이 문제다. 밥풀과 질금 물의 농도가 적당해야 하고 그 농도는 또 어느 정도 짜느냐에 좌우되었다면 예전부터 해 내려온 게 정석이다. 식혜 외에도 뭔가 잘되지 않아서 여쭈면 어른들 말씀대로 하지 않은 경우가 많다. 어머니가 거동만 자유로웠다면 식혜를 달일 때 밥풀의 양을 보고 대번에 아셨을 테지만 방에만 계셨기 때문에 까맣게 몰랐을 거다. 어머니 또한 밥을 그렇게 조금 안쳤으리라고는 상상도 못했을 거다. 그 때문에 질금을 제대로 키우지 못했느니 혹은 잘 삭지 못해서 그렇다는 등 엉뚱한 데서 이유를 찾았다.

그렇게 3년 정도 지난 후에야 제대로 된 식혜 맛이 나올 수 있었다는 데서 느끼는 바가 많다. 어머니가 하실 때마다 밥풀이 무척 많았던 데서 음식을 잘하는 사람은 뭔가 푼푼하고 넉넉해야 된다는 생각이 들었다. 실컷 퍼먹고도 가라앉은 게 얼마나 많았던지 정월 대보름까지 두고 먹었는데, 지금은 일주일도 못 가서 바닥이 난다. 조금씩 알맞게 해서 그때그때 먹어야 맛있는 걸 최고로 알았으나 가끔은 푸지게 장만해야 될 게 더 많음을 알겠다. 공교롭게도 설이 늦어 금방 봄이 되면 맛이 변하는 게 일이었으나 처음 맛나게 먹은 생각을 하면 아까울 게 없다. 어머니처럼 손이 큰 사람이 해야 먹을 속도 있고 맛도 훨씬 가중된다는 건 부인할 수 없다.

다기에 담은 숲

다기에 녹차를 담아 들고 뒷산에 오른다. 한 모금 마실 때마다 향긋한 차 내음에 취한다. 바쁜 날들에도 이렇게 한가로운 짬을 낼 수 있어서 행복하다. 독특한 차 내음에 묻어오는 자연을 만끽할 수 있는 것도 늘 고맙다. 울멍줄멍 뻗어 있는 먼 산자락이며 떠가는 흰 구름은 언제 봐도 평화롭다. 숲속의 아름다운 여인네인 양 마냥 숭고하고 고고한 모습으로 천천히 한 모금 마시면서 음미하는 나는 늘, 이 숲에서 아름다운 여인이다. 내게 터를 내어준 자연이 늘 고맙다고나 할지.

며칠 전 참나무 등걸에 버섯 종균을 넣어두었다. 여러 토막으로서 많은 종균을 넣고도 몇 토막으로 그루터기를 만들었더니 그럴듯한 참나무 표고버섯 육묘장이 되었다. 종균을 넣은 지 열흘쯤이면 돌기처럼 싹이 삐져나온다. 이어서 동글동글하니 귀여운 버섯이 나오는 것이 순서인데도 언제나처럼 조바심이 난다. 종균을 넣은 지 얼마 되었다고 벌써부터 서두르는 게 스스로도 민망할 때가 있다. 길게 잡아도 스무날이면 표고라는 이름의 버섯으로 나오련만 그새를 참지 못하고 속을 끓이다니.

생각하면 숲도 하루 이틀 새에 이루어진 것은 아니었다. 우리가 태어나기 훨씬 전부터 그 자리에 붙박아 있었다. 이름 모를 야생화부터 잡목에 이르기까지 모두가 순리대로 태어나서 자랐다. 어느 것 하나 조바심치지 않았다. 뿌리박은 자리에서 바람 부는 대로 물 흐르는 대로 하루를 천 날 같이 천 날을 하루같이 그저 묵묵하다.

골짜기를 돌아가니 솔바람이 뺨을 어루만진다. 보이지도 않는 바람이 보이지도 않는 향기로운 바람을 실어 보낸다. 발치에는 또 나릿물이 재깔대면서 내려간다. 숲속의 교향곡을 들으면서 한참을 올라갔다. 다리가 아프다. 소래길에 접어드니 훤칠한 낙락장송(樂樂長松)이 나를 반긴다. 나무기둥은 두 아름이 넘을 듯하고 가지 끝이 보이지 않을 정도로 멋진 모습에 가던 길을 멈추고 바라본다. 얼마나 많은 세월을 그렇게 자라온 것일까.

처음에는 당연히 한 톨 씨앗으로 뿌리박았다. 싹이 트고 자랄 동안 바람도 함께 있었다. 조금씩 태풍에도 익숙해지면서 소나무의 형상을 갖추는 동안도 수십 년 세월이 흘렀다. 어찌

어찌 비바람에도 꿈쩍하지 않게 되면서 낙락장송의 면모를 갖추었겠지. 그렇게 어지간한 풍상은 당연히 여기게 되면서 바람이 키우는 나무의 일대기를 적어나갔다. 바람이 없으면 이렇게 크지 않았을 거라고. 태풍이 아니면 또 이렇게 굳건한 낙락장송은 되지 못했을 거라고.

나무는 세월을 믿었던 것이다. 처음에는 더디 자란다는 불평도 있었을 것이다. 주변의 잡목들 모두가 하루하루 커갈 때는 당연히 속상했지만, 서리가 내리면서 그들 잡목은 그대로 서리맞은 꼴이 되었으니 그것을 보고는 느낌이 있었을 것이다. 마디게 자라면서 더디게 자라는 것을 불평하지 않게 되면서 눈보라에도 끄떡하지 않는 낙락장송으로 태어날 수 있었다.

나도 그렇게 더디 자라는 것을 추구해 왔는데 버섯을 보고는 조급하게 굴었다. 쉬 더운 방이 쉬 식는다는 개념으로 살아왔건만 나이가 들면서 조급증이 생긴 것인지도 모르지. 살아온 날보다 남은 날이 더 적다는 생각이 은연 중 잠재된 것일까. 안 될 말이다. 흔히 쓰는 말 대기만성이 아니어도 무엇이든 긴 안목으로 바라보지 않으면 이룰 게 없다.

낙락장송도 세월을 잡고 불평하지 않았다. 저만치 자라도록 천둥이 울고 눈보라치던 세월을 헤아리면서 더 많은 눈보라에 단련될 것도 다짐했으리. 나 또한 나이에 집착해서 괜한 조급증을 부릴 경우 나름 쌓아온 일에 먹칠을 해서는 안 될 것이다. 무에 대단한 것은 없다 해도 매사 조급해질 경우 모처럼 이룬 것도 무너질 수 있다. 내가 지금 바라보는 구름 또한 오랜 날 만들어졌지 않은가. 처음 골짜기 흐르던 물이 냇물에서 강으로 바다로 흘러갈 동안 증발한 몇 천 몇 알갱이인지도 모를 수증기가 모여서 구름을 이루었다. 그리고는 구름끼리 부딪치면서 다시 차가운 상승기류를 타고 비구름으로 바뀐 뒤 어느 날 장대비로 쏟아진 것이다. 오죽하면 겨울 함박눈도 석 달을 눈구름으로 뭉친 뒤 흩날린다고 했을까

숲에만 가면 미움도 아픔도 없는, 정말 그 숲에만 심취할 이렇다 할 거리낌이 없는 것도 그 때문이다. 이 숲 또한 언제부터 여기 있었을지 생각하면 아득한 느낌이다. 숲에게 늘, 나 이렇게 행복해도 되냐고 물어보면 네 마음은 네가 다스리라 한다. 자신이 행복하다면 행복하고 불행하다고 하면 스스로 불행한 거란다. 더불어 불행 또한 조급한 마음에서 비롯된다는 메시지를 듣는다. 내가 본 낙락장송은 속히 자라든 더디 자라든 상관없이 오직 물소리 바람소리 듣고 가끔은 떠가는 구름을 바라보면서 세월의 화폭에 풍경을 담았을 테니.

아름드리 소나무들이 모두가 겸손과 미덕을 겸비한 나의 숲에서 늘, 고맙고 부끄럼 없이 살아가고 싶다고 다짐하면서 금강석처럼 굳은 의지는 못되더라도 모든 일과 생각을 정갈하게 살고 싶다고 다짐은 숲을 찾을 때마다 되뇌곤 한다. 숲의 모든

소리와 리듬을 아름다운 영혼으로 받아들이고 싶은 심정으로 내 인생의 화폭 또한 그렇게 수놓아 갈 것이다.

바람이 차다. 어느새 해거름인지 주위가 어렴풋해지면서 노을이 진다. 하루를 끝내고 서산마루에 가라앉는 의식이 오늘따라 경건하다. 주변의 하늘과 구름이 조금씩 물들어간다. 울먹이는 붉은 산을 반경으로 거대한 노을 강이 펼쳐진다. 강물이 조금씩 방류되는지 빛깔이 점점 더 강렬해진다. 붉은 돛배가 떠가는가 했더니 금방 또 강나루 언덕으로 바뀌었다. 단풍으로 물든 산자락처럼 노랗게 혹은 보랏빛으로 명멸한다.

오래오래 바라보았다. 축구공만 했던 것이 마침내 구슬만해지고 서산으로 떨어질 동안도 장장 한 시간이다. 그래, 나 역시도 지금 저녁노을 시점이라면 노을도 잠깐 새 가라앉지 않는다. 노을이 오늘보다 더 장하게 뜰 때는 지는 시간도 더 길어질 것이다. 나의 인생 노을도 더욱 멋지고 아름답게 장식하려면 지금보다 더 느긋한 마음으로 살아야겠다. 급할수록 돌아가라고 했다. 빠르기표의 최고 액션은 느림표가 아닐까. 세월아 네월아 아닌 뭔가를 이루고 싶다면 멀리 봐야 한다는 뜻이다. 바위틈의 낙락장송이 저렇게 아름드리로 자랄 동안의 곡절과 사연을 새겨본다.

2.

저기 저 언덕에는

초란(初卵)의 탄생

오늘은 초란을 낳았다. 이제 겨우 중닭인 청계닭이 작디작은 청알을 내게 안겨 주었다. 아직 따뜻하다. 감사하다. 달걀을 생각하면 늘 따스한 느낌이지만 닭이 처음 낳은 초란은 더욱 특별하다. 초란만 해도 대견한데 더더구나 청알이다. 얼마간은 청알로서 우리 식탁을 빛나게 해줄 것을 고마워하는 이 마음 한참 동안은 청알의 영양식으로 대신 할 것에 흐뭇함마저 든다. 어쩐지 설레고 벅찬 이 느낌을 뭐라고 표현해야 하나.

청계(푸른 알을 낳는 닭)를 키운 지 3~4개월이 지났다. 장에 가서 청계닭 12마리를 사왔다. 가져와서는 미리 만들어둔 닭장에 넣고 키웠다. 그러다 4마리는 상태가 좋지 않아서 실패를 보았다. 매일매일 물을 뿌려 닭장을 청소하고 먹이를 주었다. 사료 외에도 좁쌀이니 보리를 섞어서 담아주었다. 채소를 다듬을 때마다 겉대를 던져놓으면 남김없이 쪼아 먹는다. 그리고는 4개월이 지나면서 알을 낳기 시작했다. 보통 병아리에서 6개월은 지나야 낳는다는데 그에 비하면 꽤나 조숙한 편이었다.

청계닭의 원 조상은 남미 칠레와 미국의 닭을 교잡한 아메리우카나 종이다. 그것을 재차 우리나라의 토종닭을 교잡해서 태어난 것이다. 매일 알을 낳는 토종닭과는 달리 사흘에 한 번 낳기 때문에 값이 비싸다. 하기야 처음 장에서 살 때도 훨씬 비싸기는 했다. 토종닭과 교배한 만큼 생김이 특별하다. 이를테면 트기라고나 할까.

오늘도 예의 닭장 앞에 서 있다. 눈을 뒤룩거리며 뒤뚱뒤뚱 걷는 청계닭 한 쌍이 우스꽝스럽다. 새빨간 벼슬이며 부리가 토종닭과 별반 다를 게 없다. 그런데 알을 낳으면 푸른 청계알이다. 깨 보면 흰자위와 노른자위가 보통의 달걀과 똑같다. 달걀의 빛깔은 암탉의 꽁지깃에서 결정된다. 우리나라의 씨암탉은 꽁지깃이 뽀얗다.

그에 비해 청달걀의 푸른 빛깔은 유달리 새파란 청계닭의 꽁지 때문이다. 인종에 따라서 피부의 빛깔이 달라지듯 달걀조차도 종류에 따라 빛깔이 정해진다. 껍질만 포로소롬한 것은 연유가 뭘까. 우리 집 닭만 봐도 깃 전체가 푸른 닭이 있다. 혹은 황색이나 검은색이라 해도 꽁지깃만큼은 청색이다. 그래서 청계닭인가 보다.

청달걀에는 오메가3라고 하는 불포화지방산이 들어있어 중성지방을 분해하는데 효능이 있다. 아울러 칼슘과 루테인 성분을 함유하고 있기 때문에 뼈를 튼튼하게 하는 것은 물론 눈 건강에도 좋다. 그 외에 콜레스테롤 수치를 낮추는 식품으로 널리 알려져 있다. 맛이야 뭐 우리의 토종닭과 교배한 것이니 뭐 크게 다를까 싶다.

그래도 이름은 달라서 청달걀이니 심리적으로도 특별한 느낌은 있다. 달걀찜을 해먹고 쪄서도 먹을 때마다 깨뜨리기 전의 포로소롬한 빛깔에 반했다. 비둘기 색깔도 같고 장마가 끝난 서느름한 하늘빛깔도 같다. 보고 있으면 비둘기 노래하는 푸른 숲과 새털구름 떠가는 가을이 떠올랐다. 눈요기로도 아주 맛깔스러운 달걀이라고나 할까.

닭은 여러 가지 용도로 키우는 가금류이다. 달걀도 먹고 여름이면 중병아리를 잡아서 삼계탕을 끓이고 백년손님으로 사위가 오면 또 씨암탉을 잡는다. 마당에는 푸성귀를 키워서 채식으로 반찬을 만들고 뜰 한편에는 닭을 키워서 보양식으로 먹는다. 지금 내가 그랬다. 대규모는 아니어도 아욱과 가지 상추 등을 심어놓으니 소소한 반찬거리로 손색이 없다. 그 위에 이틀 사흘 간격으로 청알 중에서도 초란으로 식탁을 준비하는 마음이 여느 대갓집 분위기보다 풍성하다.

문득 푸르륵 소리에 놀라서 보니 두 녀석이 다투고 있다. 닭

싸움이라는 말이 있을 정도로 일가견이 있는 게 닭이다. 위풍당당한 벼슬을 단 채 마당을 활보할 때는 미쁘고 어기차다. 낮도둑이라도 얼씬했다가는 마구 쪼아댈 테니 누군들 감히 엿볼 수도 없다. 외출할 때도 닭장을 보면 든든했다. 우리 집은 동네 한복판이다. 나갈 때마다 문단속에 신경을 쓰지만 녀석들이 위풍당당 버티고 있는 한 걱정은 없다.

가을이 되면 지금보다 훨씬 많은 달걀을 얻을 수 있겠지. 수량이 많아지면 절친한 이웃에게도 정을 나누고 싶다. 이름이야 달걀 몇 개지만 달걀 자체가 수없이 불어나는 의미였지 않은가. 달걀에서 병아리가 나오고 병아리가 또 닭으로 자라서 알을 낳는 일련의 순서가 그랬다. 달걀로 나누는 이웃간의 정리 역시 처음에는 작아도 점점 더 새끼를 치고 늘어나는 이미지였다. 나 어릴 적 꿈도 처음에는 작고 미약했으나 그로써 어느덧 70중반의 나이를 버텨 왔다. 오늘 낳은 초란 역시 작고 앙증맞은 느낌이지만 갈수록 커져서 나중에는 쌍알도 낳는 정경을 상상해 본다. 마음까지 따뜻해진다.

내 동생 막둥이

지난 일요일, 연락도 없이 동생이 찾아왔다. 한적한 일요일 오후, 자동차 소리에 나가 보니 대문 앞에 동생이 웃음을 함빡 물고 서 있다. 언제 봐도 귀여운 막둥이다. 손에 든 쇼핑백에는, 올케가 아홉 번 쪄서 직접 말렸다는 홍삼 보따리와 약재를 넣고 달인 도라지즙이 가득 들었다. 그것을 자랑이나 하듯 펄럭이며 마루에 올라선다. 어릴 적, 딴에는 머리 싸매고 열심히 공부해서 좋은 성적표를 받아와 자랑할 때처럼 그랬다.

막내는 나와 15년 차이가 난다. 지난해 큰아들이 장가를 들었다. 이제는 어엿한 가장인데도 내게는 귀엽고 어리광쟁이인 막둥이인 걸 어쩌랴. 오랜만에 만나 등 두드리고 머리를 쓰다듬어주는 막둥이. 자리에 앉자마자 무에 그리 할 말이 많은지 누나 어쩌구 저쩌구 참으로 귀여운 말투에 정감이 앞선다. 저

세상 가신 친정아버지께서 옆에 끼고 주무셨던 막둥이 이제는 어언 60을 넘긴 시아버지가 되었다.

어릴 때부터 막둥이의 건사는 큰누나인 나의 몫이었다. 바쁘신 부모님을 대신해서 병원이며 어느 곳이든 데리고 다녀야 했다. 병원에 갈 때마다 주사를 맞지 않으려고 발버둥을 치는 바람에 바늘까지 부러지곤 했다. 한두 번 아니고 수없이 부러지는 통에 주삿바늘을 별도로 사가기도 했다. 어릴 때부터 병원에 익숙한 지금 아이들 같으면 그럴 리가 없지만 여간 아프지 않고서는 병원 출입이 드물던 시절이다. 병원에 가는 자체가 두려움이었기 때문에 간단히 주사를 맞을 때도 번번이 고역을 치렀던 거다.

그래도 막둥이는 온 가족의 사랑 속에서 자랐다. 가끔 잘못을 해도 막내라는 구실로 덮어가곤 했으나, 버릇없이 굴지는 않았다. 온 가족이 저를 이뻐하는 줄은 알아도 누나에게든 형에게든 떼를 쓰거나 보채는 일이 없었다. 가끔은 부모님과 우리 형제의 다리 역할을 맡기도 했다. 특별히 아버지와 맏딸인 나는 보이지 않는 신경전을 벌이곤 했는데 그럴 때마다 아버지는 막내를 통해서 어떻게든 나를 달래보려고 무진 애를 쓰셨다.

언젠가 그때도 아버지하고 의견충돌로 며칠을 대화 단절 상태였다. 잘 놀다가도 출근했던 아버지가 돌아오시면 못 본체 쌩하고 내 방에 들어가곤 했다. 밥을 먹을 때도 아버지가 잡숫고 나면 그제야 나가서 먹었다. 아버지가 숟갈을 놓으시면 어머니께서 살짝 와서 밥상으로 데려가시는 거다. 먹다 보면 아버지가 뒤늦게 물을 잡수러 나오셨다. 그러면 못 본 체 부랴부랴 남은 밥을 먹고는 방으로 들어오는 게 일이었다.

성격이 쌀쌀맞았던 나는 솔직히 그런 일이 잦았다. 뭐 그러다가 사나흘이면 풀어지는데 그때는 거의 열흘간을 찬바람을 몰고 다니는 것처럼 쌩쌩거렸다. 한 번은 숙제를 하고 있는데 아버지께서 막내에게, "누나에게 왜 그렇게 뾰로통해 있는 거냐고 물어보라."고 하셨다. 이어서 막내가 주춤주춤 내 방으로 오는 기척이 들렸다. 숙제를 하다 말고 못 본 체 이불을 뒤집어쓰고 누웠다. 뒤미처 "누나, 아버지가 왜 그렇게 뾰로통해 있는지 물어보래."는 천진한 목소리가 들렸다.

별안간 짜증이 봇물처럼 밀려왔다. 나도 모르게 이불을 휙 걷어붙이면서 "몰라! 그걸 왜 나한테 물어!"라고 고함을 쳤다. 하지만 막내는 벌써 십리는 도망친 후였다. 나중에 들으니 "몰라"라는 고함소리에 그냥 줄행랑을 놓았다는 거다. 막내로서는 어마 뜨거라 싶었을 거다. 애초부터 나를 무서워했다. 아버지는 무섭기는커녕 한없이 부드러웠고, 집안 식구들의 사랑을 독차지했으나 유일하게 누나만 호랑이보다 무섭고 두려웠을 것이다.

그 때문인지 아버지와는 어찌 어찌 화해를 했다. 나 또한 그렇게 불같이 화를 내고는 막내를 쓰담쓰담 더 애지중지하게 되었다. 이후로 막내가 속을 썩인다 싶으면 아버지는 나를 불러서 넌지시 타일러 보라고까지 했다. 맏딸과 다툼이 있을 때는 막내를 통해서 화해를 시도하셨지만 그 막내를 타이르실 때는 나를 동원한 폭이다.

그런저런 사연 때문인지 막내는 내게 늘 아픈 손가락이었다. 내가 결혼할 때 막둥이는 겨우 초등학생이었다. 철부지를 우물가에 두고 떠나는 것처럼 마음이 아팠다. 멀쩡히 부모님이 계신데도 그랬다. 이후로 친정을 생각하면 밥은 잘 먹는지 학교는 잘 다니고 있는지 막둥이 안부가 궁금했다.

이후로 동생은 학교를 졸업한 뒤 취직을 하고 어엿한 사회인이 되었다. 직장에서 한 5년 열심히 근무하고는 결혼까지 해서 잘 살았다. 어릴 적에는 보호자 아닌 보호자가 되어 괜한 신경을 쓰는 듯 마음이 불편했으나 막상 제 앞가림하는 성인이 되고 보니 무거운 짐이나 내려놓은 것처럼 홀가분하면서도 한편으로는 서운했다. 그렇게 틈만 나면 안부를 물어오고 회포를 풀어온 게 30여 년 동안에 아들을 장가 들이고 하는 동생이 오늘따라 짠하다.

어릴 적부터 물가에 둔 어린애처럼 신경 쓰이고 애잔하게 느껴졌지만 앞으로는 나와 함께 늙어갈 거다. 저는 나를 무서워하면서도 의지했던 것처럼 나는 늘 애물단지처럼 성가신 동생 때문에 동기간의 정을 새삼 느낀다. 아버지는 진즉에 돌아가시고 이제는 그 아버지 닮은 동생이 친정의 유일한 기둥으로 여겨진다.

응석이나 부리듯 내게 의지했던 막둥이가 누나 집에 올 때는 바리바리 싸 들고 와서는 보란 듯이 내놓는 모습이 60을 훌쩍 넘긴 나이에도 귀엽다. 부모님에게 자식은, 환갑이 넘어도 우물가에 둔 것처럼 신경이 쓰이듯 60이 넘은 동생도 그와 똑같다. 옛날의 부모님 생각과 귀여운 막둥이라는 단어가 여전히 아련하고 정감이 넘치는 마음을 어찌할꼬. 이러다가 혹 동생의 식구가 모인 자리에서도 손주 나이 적의 그때를 생각하면서 철부지 나무라듯 할까 두렵다. 하지만 모두들 묵인하고 봐줄 거라는 자신감은 있다. 아득히 어린 시절 어지간한 잘못과 실수가 아니면 모두가 눈감아 주었던 막둥이의 전성기 그때처럼 말이다.

진달래의 행복

진달래가 피었다.

오늘도 뒷산 언덕을 오르는 중이었다. 완연한 봄빛에 취해 있던 중 바위틈에 핀 진달래 꽃 무더기를 보았다. 수줍음 타는 소녀들처럼 발갛게 물든 꽃송이가 연연히 곱다. 봄은 어디서 저렇게 핑크빛 색소를 감추어 두었다가 진달래 골짜기마다 속속 물들이는 것일까.

진달래는 전통적인 우리 꽃이다. 모르기는 해도 수천 년을 골짜기에서 혹은 산등성이마다 피었다가 지면서 민족과 고락을 함께 나누었을 것이다. 흉년이 들면 산동네 사람들의 배고픈 설움을 헤아렸을 것이다. 우연인지 진달래가 필 즈음부터 춘궁기였다. 겨우내 먹던 양식은 진즉에 바닥이 날 무렵이다. 배고픈 양민들은 들로 산으로 나물 뜯으러 다니는 게 일이었다. 봄

나물은 미처 나올 새도 없이 수난을 겪었다. 풍족하게 뜯을 새도 없이 바닥이 났을 것이다.

나만 배고픈 게 아니고 봄이면 모두가 겪는 일이니 원망할 수도 없는 일이다. 진달래는 그 모든 것을 지켜보았을 테니 설운 꽃이다. 진달래 또한 앙상한 가지에서 피는 꽃이었기 때문에. 삭정이 같은 가지에서 피는 꽃 또한 푸짐한 것도 아니다. 하기야 나무의 특징이겠지만 진달래 자체가 푸짐은커녕 배고픈 꽃이다. 좀 더 지나면 봄비도 자주 내리기 때문에 이어서 피는 꽃들은 탐스러운데 유감이다.

지금 내가 보고 있는 진달래도 그랬다. 살포시 웃기는 하지만 처연한 웃음을 물고 있는 게 괜히 안쓰럽다. 언덕바지에서도 하필이면 바위틈이다. 풀 한 포기도 자라기 힘들어 보이는데 그래서 빛깔이 더욱 고운지도 모르겠다. 가지는 빈약하고 꽃송이도 가냘프지만 빛깔만 놓고 보면 그렇게 산뜻할 수가 없다. 나 자신 저 아래 골짜기에서 빛깔에 반해 이끌려 왔던 것을 보면.

꽃잎 한 장을 꺾어 물었다. 알싸한 봄내음이 묻어나는 것 같다. 눈앞으로 아련한 봄빛이 스쳐 간다. 오솔길에 들어설 때부터 꽃노을이 살짝 얼비쳤었다. 봄볕이 너무도 강렬했다. 눈이 부시다는 생각도 잠시, 골짜기 틈에서 삐져나오는 분홍빛 노을을 본 것이다. 겨우내 추워 떨었을 골짜기에서 이제는 또 나름 예쁜 꽃을 피우고 있다.

나물 캐던 누군가가 그것을 보고는 꽃잎 한 장을 뜯어먹었을 거다. 뜻밖에 맛이 있었겠지. 봄볕에서 한나절 소일하다 보니 갈증도 시원하게 가라앉았다. 그 길로 한 바구니 따서는 밀가루 입혀서 부쳐 먹었을 거다. 이를테면 화전의 시초였겠지. 달래, 냉이, 씀바귀는 어느새 쇠어버리고 더는 먹을 게 없어질 때쯤 별식으로 한동안 배고픈 속내를 달래주었을 테지.

이맘때면 수많은 꽃들이 핀다. 진달래와 개나리, 목련이 색색으로 피어나고 길섶에는 민들레와 할미꽃 등 야생화들이 다투어서 피고 진다. 그중에서도 진달래가 유난히 끌리는 것이다. 우리의 정서와 비슷한 까닭이리라.

그래서 정서적으로 더욱 짠한 꽃으로 기억되었을 것이다. 진달래는 애달픈 꽃이었으니까. 좀 더 있으면 피게 될 철쭉은 그래도 푸짐한 꽃이다. 그 웃음조차도 어딘가 활짝 웃는 모습이라면 진달래는 살포시 미소 짓는 꽃이다. 푸짐하게 피는 것도 나쁠 것은 없으나 나로서는 진달래 같은 애잔한 모습이 좋다.

바닷가에서 자란 내게 진달래는 또 다른 의미로 특별한 꽃이었다. 마을에서 한 마장만 가면 바다가 보이고 멀리 눈썹 같은 수평선이 걸렸다. 바로 그 왼쪽으로는 바위산이 있고 이맘때가 되면 진달래가 모둠모둠 피었다. 어찌나 예쁘던지 지금도 선하다. 슬픔도 그렇게 물드는 거라고 생각했다. 거기 파도가 치면서 진달래의 슬픔을 달래준다고 생각하면 어린 마음에도 참 고즈넉한 느낌이었다.

슬프기는 해도 파도가 밀려올 때마다 썰물로 빠져나갈 테니 바닷가의 진달래는 외딴 바위섬에서 충분히 살 수 있는 거라고 생각했다. 일 년 내 들리느니 갈매기 퍼덕이는 소리와 파도 소리뿐이지만 소금기를 머금어 빛깔이 더욱 붉다는 말이 참으로 신선했다. 소금기 머금은 바람 때문에 꽃잎이 더 빨리 시들 것 같은데 오히려 더 곱게 핀다. 우리 또한 운명으로 삶이 더욱 고차원적으로 바뀐다. 외진 바위산이라서 훨씬 아름다운 이미지로 기억되는 바닷가의 진달래처럼. 외롭기는 해도 그 속에서 키우는 행복이야말로 나름 소중한 것이었으니까.

내가 추구하는 것 또한 그런 이미지였다. 꽃도 잔잔한 들꽃이 좋다. 떠들썩하고 요란한 것보다는 단출한 분위기에 더 끌린다. 혹시 목표를 이룰지언정 한적한 골짜기에서 피는 진달래처럼 나 혼자만의 영역에서 운치를 즐기는 거다. 손질이 잘 된 화려한 정원의 꽃도 아름답지만 물소리 바람 소리만 들리는 골짜기에서 피는 진달래처럼 그렇게 살고 싶은 것이다.

다시금 진달래꽃을 본다. 이곳에 뿌리박은 지 몇몇 해를 저렇게 다소곳이 살았을 거다. 눈에 띄게 아름답거나 향기도 없는 꽃이지만 소박한 진달래의 행복이 부럽다. 비탈진 곳이라서 비만 오면 무너지기도 했을 것이지만 다시금 일어나서 꽃 피운

게 어디 한두 번이었을까. 어렵사리 꽃을 피운들 외진 곳이다. 예쁘다고 쓰담쓰담 해줄 사람도 드물지언정 진달래 언저리에는 바람도 조용조용 향기를 머금어 간다. 시절은 바야흐로 꽃 피고 새 우는 봄이었으니.

여명(黎明)에서

일찍 잠이 깨었다. 아직 먼동도 트기 전인데 홰를 치는 장닭 소리가 요란하다. 곧이어 희붐한 동살 속에서 뜨락의 꽃나무와 과수원 풍경이 조금씩 눈을 뜬다. 아침이 시작되는, 바야흐로 여명(黎明)의 순간이다.

눈을 비빌 사이도 없이 현관문을 밀치고 나가본다. 마을과 산등성이는 고요함을 지나 적막하기까지 하다. 대문 옆의 가로등 불빛이 너무 밝은 것이 고즈넉한 여명을 오히려 안타깝게 하는 것 같다. 여명의 어둑한 새벽을 만끽하고 싶은데 방해가 된 셈이다. 쓸데없는 밝음 때문에 자연의 운치를 느끼지 못하는 이것도 현대인의 비극이라면 비극 아닐까.

나 자신 그렇게 말하는 것도 무리는 아닌 것이, 하늘에 별이 줄었다고는 하지만 달리 보면 휘황한 조명 때문이다. 오존층

파괴에 따른 환경오염 때문일 수도 있으나 너무 밝아서 별이 본래의 반짝임을 잊어버렸다. 별은 애당초 깜깜해져야 빛난다. 너무 밝은 빛 때문에 더러는 희미하게도 보였다. 대기권의 상태에 따라 많이 혹은 적게 보인다. 별의 숫자는 늘 일정했으나 시시각각 달리 보이는 것 자체가 환경이나 혹은 빛이라든지 등의 문제를 내포한다.

정말 그랬다. 지금 이 어렴풋한 여명이야말로 인공의 빛이 아닌 순수한 자연의 빛이다. 들리지는 않아도 어디선가 작은 새들이 둥지에서 뒤척이며 아침을 준비하는 시간이다. 섬돌 밑의 쓰르라미와 여치 등 풀벌레는 밤새도록 합창을 끝내고 잠깐 숨 돌릴 수도 있겠다. 이제부터 하루를 시작하는 새벽의 조용조용한 느낌은 얼마나 목가적인지 모르겠다.

촛불이나 등불로 밝히던 때라면 그대로 아침이 되면서 더 이상 불을 켤 이유가 없으나 지금은 1시간이고 2시간이고 불을 밝히게 된다. 천성적으로 시력이 안 좋은 사람도 물론 있으나 아주 깜깜한 것도 아닌 미세한 어둠 속에서는 동공이 확장되면서 충분한데 전구를 쓰다 보니 시력도 그만치 퇴화하는 것은 아닌지. 아주 깜깜할 때는 등불을 밝히지만 요 정도 어둠에서는 그럭저럭 견딜 수 있으려니 싶어진 거다.

편리하게 쓰는 전구가 오히려 시력에 적신호를 남긴다. 우리 때는 안경을 쓰는 사람이 한 반에 많아야 대여섯 명 정도라서 생소했는데 지금은 생활용품같이 흔해졌다. 여러 가지 이유가 있겠지만 아주 조금만 어두워도 무조건 불을 켜는 습성 때문일 수도 있다. 뭐랄까, 어슴푸레한 정도는 즐길 수도 있어야겠다는 생각이다. 특별히 집중해서 책을 보거나 하는 게 아니라면 말이다.

어떤 사람이 모모라 하는 사업가에게 기부를 받기로 약속이 되어 있었다. 비서의 안내를 받고 들어가니 주인은 방금까지 켜둔 세 개의 촛불에서 하나를 꺼버리고 말았다. 손님은 얼핏 생각에 오늘 기부를 받기는 틀렸구나 싶었다. 하지만 이왕 내친김이라고 용건을 말하자마자 상세한 이야기는 듣지도 않은 채 "약소하지만 10만 달러를 기부하겠다."고 선뜻 제의를 했다. 한화 시가 1,000원이라면 1억이다. 너무도 뜻밖이라 인사도 못하고 당황해 있자 주인은 짐작이 간다는 듯 빙그레 웃으며 "아까 촛불 한 자루를 끈 것은, 책을 볼 때는 세 자루가 필요하지만 이렇게 손님을 접대할 때는 두 자루만으로도 충분한 까닭입니다."라고 말했다.

이야기의 흐름을 보면 합리적인 절약이 모티프가 된다. 주인은 이를테면 소소한 낭비를 없애고 절약하면서 모은 돈을 불우이웃 돕기 같은 사업에 선뜻 내놓을 줄 아는 사람이었다. 참 아름다운 사연이지만 불편한 것을 참을 수 있는 마음 역시 소중하다. 책을 보려면 대화를 나눌 때보다 당연히 밝아야 편리하다. 그것을 유념하면서 밝기의 상태를 스스로 조절할 줄 아는 게 특이했다. 절약도 절약이지만 그런 식이라면 필요 이상의 밝기 때문에 초래되는 부작용은 없을 것이다.

문맥상 전기가 발명되기 전 촛불을 쓰던 때의 일화지만 현대식 주택 또한 그런 식이라면 화장실과 공부방의 밝기를 달리 조절하는 것도 괜찮을 거다. 너무 밝은 조명 때문에 시력이 악화되고 편리한 교통 기관 때문에 더러는 관절이 약해지기도 한다. 불편하기는 해도 잘만 극복하면 건강을 지킬 수 있지 않을까.

어쨌든 나는 여명이 좋다. 딱히 어둠은 아니지만 환한 것도 아닌 밝기를 스스로 즐긴다고나 할까. 여명에 이렇게 서성이는 것도 처음 있는 일이다. 뒷산을 보니 낙랑장송이 우람하여 그 사이로 여명이 빛으로 스며든다. 늘 뒷산의 소나무는 듬직하니 우리 집을 내려다보고 있던 것에서 오늘 또 다른 모습으로 바라보게 되는 참, 웅장하다.

나를 바라보고 새벽을 그것도 여명에 더욱 내게 희망의 빛으로 바라보게 하는 집 주변을 오늘 이렇게 여명에서 마음껏 누리고 있다. 이웃집 고양이도 어찌하여 이렇게 나와 똑같이 일어나 눈을 반짝인다.

희미한 새벽은 늘, 고요와 희망이 넘치는 여명에서 시작되는 것에 다시 한 번 살아가는 살아갈 수 있는 오늘 또다시 일깨워 준다는 것을 만끽하면서 큰 돌의자에 앉아서 밝아오는 여명을 마음껏 누리고 있다. 그것도 한여름에서의 여명을….

엉겅퀴 홀씨 되어

오늘도 엉겅퀴 나무에서 참새 떼가 노래 부른다.

닭 모이를 주려고 닭장에 들어가는 중이었다. 어디서 왔는지 수많은 참새가 모이를 얻어먹으려고 닭장 지붕에 날아와서 대기 중이다. 얄밉기도 하고 귀엽기도 한 모습에 한 줌 던져주면 쪼르르 내려와서 먹는다. 눈치를 보고 있던 다른 친구들도 그제야 비로소 떼로 몰려와 맛나게 쪼아 먹는 것이다.

닭장 옆 언덕배기에 자주색 엉겅퀴가 잔뜩 피었다. 몇 해 전부터 퍼지기 시작한 게 이제는 엉겅퀴 군락지가 되었다. 꽃이 피고 나면 뒤미처 부얼부얼 홀씨가 되어 바람에 날리다 보니 그렇게 많이 퍼졌다.

지금도 마침 솜사탕 같은 엉겅퀴 홀씨가 바람을 기다리고 있다. 바람만 불면 수백 수천 리 날아갈 참이다. 미세한 바람에도 움직움직 날아갈 참인데 참새 떼까지 노래가 시끄럽다. 그럴 때마다 날아가는 홀씨를 부추기는 것 같다. 바람도 바람이지만 야단스럽게 지저귀는 소리에 초여름 하늘도 자꾸만 드높아진다.

민들레가 한창일 때도 그랬다. 언제나 그랬듯이 살랑살랑 봄바람도 불지만 휘파람새가 줄곧 울어 쌓던 기억이 난다. 티끌보다 가벼운 홀씨다. 바람만으로도 충분히 날아갈 텐데 새들의 노래까지 보탰다. 날아가는 모습은 똑같을지 몰라도 새들의 노래가 추가되니 훨씬 예쁘게 뿌리박을 수밖에 없다. 엉겅퀴만 해도 씨앗을 따먹는 것은 참새였지만 퍼뜨리는 것은 바람이었다. 그런데도 참새들 노래 때문에 더 예쁘게 멀리까지 날아가서 훨씬 더 아름다운 엉겅퀴의 꿈을 새기는 것 같다.

그러하여 다음 해는 더 많은 엉겅퀴가 꽃을 피우면서 자주색 꽃피는 환상의 공간이 될 것이다. 엉겅퀴 씨앗은 참새의 모이로도 미덥지만 수많은 자주색 향연이 펼쳐질 것에 벌써부터 후덕한 마음이 든다.

엉겅퀴는 엉거시과의 여러해살이풀로 높이 5~10m까지 자라서 잎과 줄기에 빳빳한 털이 있다. 산이나 들에 자생하고 있으며 잎은 식용으로 쓴다. 여름에 자주색 꽃이 핀다. 그중에서도 뿌리는 대계(大薊)라 하여 한약재로도 쓴다고 한다.

봄에 올라오는 새순은 데쳐서 먹기도 한다니 가시가 있기 때문에 여러모로 유익한 식물인지도 모르겠다. 초여름 가시가 있는 것치고 유익하지 않은 나물은 없었으니까. 오가피 나물과 두릅 또는 엄나무 순만 봐도 충분히 알 수 있다. 엉겅퀴 또한 가시투성이였지만 자주색의 꽃은 또 얼마나 환상적이었던가.

홀씨식물하면 또 버섯이 있다. 버섯이든 엉겅퀴든 민들레든 너무 작아서 현미경으로도 관찰이 어려운데 어떻게 그 작은 씨앗에서 싹이 트는지 당혹스럽다. 그리고 하필이면 바람으로 번식이 되는 것도 특별하다. 홀씨식물과는 다르지만 바람에 꽃가루가 날아가는 풍매화도 있다. 이들은 꽃이 주로 수수한 편인데 벼와 보리, 밀과 은행나무와 뽕나무 등이다. 화려한 꽃들은 곤충에 의해서 수정되는 반면 꽃은 곱지 않아서 벌, 나비는 오지 않아도 바람이 꽃가루를 옮겨주는 것도 별나다.

나의 꿈도 그렇게 펼치고 싶지만 뜻대로는 되지 않았다. 더불어 그 또한 당연한 게 식물처럼 그렇게 이루어져서는 가치가 상실되고 말 것이다. 더불어 홀씨처럼 퍼진다고 했지만 말처럼 번식이 왕성하지는 않을 것 같다. 홀씨로 날아갈 때의 풍향과 풍속 등의 여건에 따라 달라지기도 할 테니.

이를테면 꿈은 어렵게 이루어질 때라야 더욱 소중하게 느껴진다. 아니 홀씨식물에게 있어 바람이 옮겨준다면 우리에게 바람은 곧 어려움과 시련 아니었을까. 가령 미국의 소나무 중에는 솔방울이 하도 단단해서 산불이 나야만 솔방울이 타고 그

속의 씨앗이 땅에 떨어져야만 번식이 되는 것도 있다. 우리들 꿈의 씨앗 역시 모질고 단단한 거라면 여간한 것으로 싹을 틔우기는 어려울 것이다.

그렇다고 쉽게 번식하는 식물을 하찮게 보는 것은 아니다. 가령 풍매화인 경우 바람이 중매쟁이가 될 테니 꽃이 화려하지 않아도 상관은 없다. 바람만 불면 수정이 되니 예쁜 꽃도 향기도 필요 없다는 뜻이다.

곤충을 불러 모으기 위해서는 꿀이 필요하고 향기도 준비해야 된다. 하지만 이들 꽃가루를 운반할 경우 각별한 주의가 필요하다. 가령 유채꽃을 민들레에게 옮겨주면 당연히 수정이 될 수 없다. 초봄의 꽃들이 한곳에 모여 피는 것은 그 때문이다. 그에 비해 버섯과 엉겅퀴 등의 홀씨식물은 씨앗이 그냥 떨어지기만 하면 간단하다. 벌 나비 등의 곤충이 열매를 맺는 과실나무에서 수정을 담당하는 것도 그 때문이다.

그러고 보니 엉겅퀴는 바람에 날리기만 하면 번식 준비가 끝나는 식물이다. 꽃이 필 때는 으레 바람이라는데 엉겅퀴는 꽃이 피고 나서도 바람을 기다리는 게 엉겅퀴의 한살이였던 것일까. 이제 저 포자 속의 수많은 홀씨가 날아가기만 하면 거기서 또 다른 엉겅퀴 군락이 생기겠지. 그리하여 거기 사는 누군가 또한 나처럼 자줏빛 뜰에서 엉겅퀴 환상에 빠져들면서 봄 한철 아름다운 꿈을 엮어갈 것이다.

어느덧 참새도 가버린 지 오래다. 자줏빛 뜰 모롱이에는 한바탕 봄꿈만 남았다. 엉겅퀴꽃이 바람에 홀씨 되어 사라지면 본격적인 더위가 될 것이다. 여름이 오기 전에 한바탕 봄꿈을 피워본다. 뻐꾸기가 울면 봄도 끝나고 계절은 여름에 들어설 테니 그렇게 계절의 수레바퀴 속에서 인생 또한 덩달아 세상을 따라 도는 셈이다. 계절은 바뀌어도 내년에 또다시 엉겅퀴 피는 초여름이 되는 것처럼 그렇게.

나무는 늙어도

보리수 열매가 무척 소담스럽다. 따 먹고 싶어서 가니 멀리서 볼 때와는 달리 가지가 꺾이고 곰이 피었다. 해묵은 나무였건만 농익은 보리수 열매는 달착지근했다. 가지가 휘도록 달렸다는 것은 꽃도 흐드러지게 피었다는 뜻이다. 나무는 늙어도 꽃을 피우고 열매를 맺는다는 사실이 색다른 의미로 다가온다. 특별히 오동나무는 천년을 늙어도 가락을 품는다지 않던가.

오늘 아침에 다듬어둔 늙은 호박이 생각났다. 속을 파내서 푹 삶은 뒤 찹쌀을 개어 호박죽을 끓였다. 숭숭 썰어서 김치를 넣고 끓이면 호박 찌개로 먹을 만하다. 지난해 서리 거둠을 하면서 따온 것인데 보관을 잘해서 그런지 지금까지도 잘 먹은 셈이다.

마을 할머니들이 생각난다. 여든이 넘었는데도 성격이 명랑하고 몸이 가볍다. 노인네 특유의 지병도 있겠지만 바쁜 시간 틈틈이 짬을 내서 성경을 읽고 공부까지 하고 있다니 나이를 생각하면 드문 일이다. 이쯤 얘기가 나오면 다들 부잣집 마나님일 거라고 생각한다. 농사일이라 해도 아들 며느리가 하는 것으로 여길 테고 노인네는 뒷방에 들어앉아 세월 타령을 일삼으며 공부나 한다고 하겠지만, 거기에 맞춰 아들 며느리의 일도 많이 거들어주시는 것 같다.

오늘은 두부를 하시려나 보다. 콩을 갈기 시작해서 가마솥에 붓고 웬만치 젓다 보면 두부 물이 끓어나는데 자루에 걸러낸 후 간수를 넣는다. 그다음 엉기기 시작하면 베보자기에 부어 굳히고는 칼집을 낸다. 대부분 가족과 이웃들과 나눠 먹는 것으로 웬만한 두부 장사라도 할 만치였다. 맛도 맛이지만 두부 모가 커서 금방 많은 두부가 동이 나는 모습에서 그 후한 인심에 고개 숙여진다. 칼집을 낼 때와 두부 물이 들어갈 때부터 크기는 이미 정해지는 것 같다.

허송세월하는 사람을 가장 딱하게 여기는 할머니들께서는 하루를 25시로 알고 산다. 밭에 가셔서 늘 무엇이든 가꾸시는 틈틈이 공부하랴 정신없이 바쁜 분에게 시간을 뚝 떼어 주고 싶지만 빠듯할수록 쪼개 쓸 것 같다. 이제는 많이 늙으셨고 아들딸이 주는 용돈으로도 충분히 사실 분이 그저 무의미하게 사시는 법이 없다. 똑같이 늙었어도 생김과 빛깔이 좀 더 고운 호박을 생각한 것이다.

서리거둠을 할 무렵, 엉덩짝 같은 호박이 옹기종기 해 바라기를 하는 걸 보면 노인들 모습이 떠오른다. 그중 맷방석처럼 둥그스름한 녀석이 양지쪽에서 금붙이 마냥 빛날 때는 곱게 늙은 노인을 보는 것 같다. 반면 금이 가고 거무죽죽한 호박도 있다. 함께 찬 이슬을 맞고 서리에 시달려 왔어도 그리 다른 것은 어떻게 늙었느냐의 차이를 드러낸다. 애호박 역시 반들반들하고 새파란 것과 못생긴 게 있으나 표시는 별로 나지 않는다. 우리도 젊기 때문에 묻어갈 수 있는 허물도 늙으면 흠이 되는 경우가 많다.

애당초 자리 잡을 때부터 불리한 곳은 있다. 내가 본 호박 중 양지쪽에 자리 잡은 것들이 곱게 늙은 노인들 모습이고 못생긴 호박은 습기 찬 곳에 퍼질러 늙은 것들이다. 그렇더라도 사람은 자기 통제로 가능하지 않을까. 아이들 때문에 혹은 직장 때문에 참고 견딘 사람도 나이를 먹으면서 거칠어진다. 그러다 보니 노인들은 결국 외고집쟁이라는 말을 듣게 되지만 마무리가 중요한 만큼 곱게 늙는데 치중해야겠다. 호박은 양지바르고 물 빠짐이 좋은 곳이라야 반들반들 윤기가 나지만 사람은 나쁜 여건에서도 곱게 늙을 수 있다.

살다 보면 노인이 되고 그 노인 중에 경험이 풍부하고 후덕한 사람을 속칭 어른이라고 한다. 노인은 나이 덕을 보지만 어른은 외람된 말로 자질 문제다. 연륜을 바탕으로 하는 어른은 아무나 될 수 없기에 나이가 우선인 노인과는 분명히 구별된다. 아직은 젊기 때문에 나올 수 있는 말이되, 애호박은 단시일 내 영글고 늙은 호박은 이슬을 맞고 추위를 견디는 등의 곡절이 필요하다는 점은 숙지해야겠다.

마을 할머니들을 뵐 때마다 늙으면 아이가 된다는 말도 새로운 뜻으로 부각 되었다. 건강이 문제지만 늙은 나무도 꽃은 피우지 않던가. 젊은 사람 흉내를 내기보다는 활기찬 노년을 보낼 수 있는 방편으로 삼을 수 있기에. 10년 후에는 나도 그 나이가 될 테니 준비를 해야겠다. 늙었다고는 해도 다시 성장하는 계기로 삼는다면 어린이의 감성과 노인네 특유의 지혜가 어우러져 유익한 날이 되지 않을까. 눈이 침침하고 잘 들리지 않는데도 여전히 책을 읽고 음악을 듣는 할머니처럼 늙어도 건강한 마음으로 살고 싶다.

열매와 뿌리

'부모는 자식의 뿌리다.'

바야흐로 설이 왔다. 올해도 까치설을 맞아 두 딸이 친정에 왔다. 우리 부부와 큰딸네 4식구 작은딸네 3식구가 모이니 모처럼 북적북적하다. 아이들은 건넌방에서 끼리끼리 수다를 떨고 게임에 열중이고 우리 삼 모녀는 만두를 빚느라 정신없이 바쁘다.

만두소는 엊저녁에 미리 준비해 두었다. 김치 여남은 포기를 다져서 꼭 짠 뒤 두부와 당면을 넣고 버무려 놓았다. 밀가루 반죽도 일찌감치 치대서 부드럽게 만들어 놓은 끝이다. 딸들 가족이 오는 대로 저녁을 해먹고는 만두를 빚는 중이다. 창밖에는 눈이 내리고 우리 가족들의 사연도 눈처럼 차곡차곡 쌓인다.

우리 집안의 뿌리를 보는 것 같다. 48년 남짓 얽히고 서린 채 용틀임하고 있는 경주 김씨 집안의 역사다. 우리 부부가 내린 뿌리에서 두 딸이 태어나고 그 딸을 뿌리로 해서 또 손자 손녀가 태어났다. 우리 부부는 오랜 날 땅속에서 흙을 뒤집어쓴 채 살았다. 흉한 모습으로 물을 길어 올리며 자식이라는 꽃을 피우고 열매를 맺었다. 핏덩이에서 젖먹이로 젖먹이에서 유치원생이 된 게 꿈만 같다.

하지만 시작은 그때부터였다. 얼마 후 초등학교에 입학한다고 해봤자 겨우 싹이 터서 줄기가 뻗어나갔을 뿐이다. 가느다란 줄기로는 바람 한 점도 막아내기 힘들다. 물이 부족할 때는 한 차례 뿜어 올린 뒤 한숨 돌릴 수가 있지만 바람이 불 때는 흔들리지 않도록 지탱해 줘야 하기 때문에 더더욱 힘들다. 이따금 농부가 지주를 세워주기도 하지만 부러지기라도 할 경우 뿌리는 더욱 노심초사하게 된다.

꽃을 피우고 열매를 달 동안 비바람도 수차례 지나갔다. 지금까지는 물과 영양을 공급하는 데 노심초사였으나 이제부터 덮어놓고 물을 줄 수도 없다. 자칫 많아지면 꽃은 바래고 열매는 당도가 떨어진다. 모든 것을 일일이 살피느라 밤잠도 설친다. 부모로서의 뿌리 역할이 끝나면 열매와 씨앗은 땅에 떨어지고 곧 이어서 새롭게 시작되는 뿌리의 한살이.

그러나 딸들이 뿌리내리는 과정을 보는 마음은 편치가 않다. 중·고등학교에 이어 대학을 졸업한 뒤 취업과 결혼 끝에 우리처럼 제 아이들의 뿌리가 되어서 우리 부부처럼 자식이라는 꽃과 열매를 맺는 중이다. 손주들이 아프면 내가 그랬던 것처럼 딸들도 밤을 꼬박 새운다. 그러고도 아침에 일어나 출근을 하는 것을 보면 가슴이 미어진다. 금이야 옥이야 예쁜 손주도 제 어미를 힘들게 하는 애물단지 같아서 잠깐 속상할 때가 있지만 병원을 가고 치료 끝에 나으면 언제 그랬냐는 듯 까맣게 잊는다. 손주들 역시 제 어미들처럼 언젠가는 또 그 역할을 전수받을 테니. 부모는 자식의 뿌리라는 것을 재차 확인하는 듯.

뿌리는 볼품이 없다. 제아무리 억세고 튼튼해도 땅속에서 묵묵히 일을 할 뿐이다. 가물 때마다 뿌리는 멀리까지 뻗어나간다. 그렇게 물을 길어 와서는 줄기로 뿜어 올리자니 허구한 날 힘들다. 물이 흔할 때도 매일 매일 보통 일이 아니다. 하물며 지금보다 두 배 세 배 멀리까지 가서 길어오자니 몇 배는 힘들다. 물이 귀할 때도 그렇지만 홍수가 날 때도 노심초사 힘들다. 물이 흔해지면 뿌리가 썩고 당연히 꽃과 열매도 탈이 생긴다. 꽃은 빛깔이 퇴색하고 열매는 익지도 않은 채 떨어질 수 있기에 적당히 조율하느라고 하루도 편할 날이 없다.

우리 부부는 물론 모든 부모의 역할이라 할 게다. 예쁘고 아름다운 꽃과 탐스러운 열매는 자식들 몫이다. 혹 예쁜 옷을 입고 싶을 때도 딸들 생각이 났다. 나 역시 바쁘게 살면서 혹 자모회에 갈 때도 있지만 우선순위는 그래도 딸들이었다. 뜻하지 않은 외출을 생각해서 옷을 사러갈 때도 두 딸의 옷이 먼저 눈에 들어왔다. 참 어쩔 수 없는 게, 뿌리 역시 시원한 물과 영양분도 아낌없이 줄기로 올려 보내지 않던가 말이다.

뿌리의 운명은 바로 그것이었다. 땅속에서 보이지도 않을 것 같지만 싹이 터서 튼실한 열매로 자랄 때까지 그렇게 헌신적일 수가 없다. 천륜으로 이어진 부모와 자식처럼 똑같이 그랬다. 부모의 소망과 목표는 자식인 것처럼 뿌리의 목적은 오로지 아름다운 꽃과 튼실한 열매다. 그 열매 또한 새롭게 뿌리를 내리면서 목적은 예쁜 꽃과 탐스러운 열매라는 소망 또한 똑같이 대물림 된다. 두 딸이 새로운 뿌리를 내리면서 부모의 행적을 고스란히 답습하는 것처럼 그렇게.

그러자니 뿌리는 힘들다. 깜깜한 땅속에서 흙을 묻힌 채 한시도 반시도 편할 날이 없다. 뿌리가 편하면 줄기와 열매가 탐스럽게 자랄 수 없다. 보이지 않는 데서 궂은 일 담당이지만 불평하지 않는다. 물리적인 뿌리 역할도 그럴진대 더구나 그 열매가 또 이웃이거나 친구일 때도 그럴 것이 하물며 세상 무엇으로도 끊을 수 없고 눈에 넣어도 아프지 않을 자식임에랴.

저녁을 먹고 나니 어느새 뉘엿뉘엿 해거름이다. 길은 멀고 명절이라 막힐 테니 서둘러야 했다. 딸들이 준비를 하는 동안 쌀과 양념 그리고 만두 등 먹을 것을 챙겼다. 무공해 식품을 먹이려고 땀 흘려 가꾼 곡식들이다. 트렁크가 미어지도록 싣고 나니 할 일을 다 한 듯 비로소 흡족해진다. 오늘 하루를 위해 며칠 동안 만두를 빚고 가래떡을 써느라 분주를 떨었다.

준비를 마친 딸 부부와 올망졸망 손주들까지 밖으로 나서자 마당이 꽉 차는 느낌이다. 보이지 않는 뿌리가 서리서리 얽혀 있다. 저 뿌리야말로 우리 가족을 흩어지지 않게 이어주는 동아줄이려니. 딸을 위해 뿌리박은 나와 손주를 위해 뿌리박은 딸, 아직은 멀었지만 손주들이 내리게 될 뿌리가 클로즈업된다. 새봄이 움트는 겨울 끝자락에서.

늦깎이 파트너의 선물

그 여자를 처음 만난 것은 탁구회장 연습실이었다.

그날도 연습을 끝내고 옷을 갈아입으려던 참이었다. 땀에 범벅이 된 채 부랴부랴 현관을 밀치고 들어가다가 자그마한 키에 눈매가 예쁜 60대 중반의 그녀를 보았다. 반듯한 이목구비와 아담한 키가 첫눈에도 서툴지 않았다. 참하고 단정한 모습이, '저 정도는 생겨야 여자라고 할 수 있겠지'라는 생각이 들 정도로 곱다. 얼굴도 얼굴이지만 어쩐지 친해지고 싶은 사람이라고나 할까.

처음 만나도 오래전부터 알고 지낸 듯 친근한 사람이 있다. 아무리 오래 만나도 처음 대하는 것처럼 서먹서먹한 사람이 있다고 보면 뭔지 모르게 끌리던 것이 지금도 생생하다. 나 혼자 그러고 말았으면 더 이상의 관계는 없었겠지만 연습 도중 쉴 참에 서로의 안부를 묻는 등 허물없이 대하면서 우의가 두터워진 셈이다.

무더위가 한창이던 8월 주택에서 수확한 블루베리를 예쁘게 담아왔다. 참으로 생긴 모습과 같이 해맑게 웃는 모습에서 맛나게 먹었던 기억에 큰 선물은 아닐지라도 마음의 풍요를 느꼈다. 틈틈이 채소와 그 외 모든 것을 주고 싶어 하는 마음은 나로서는 받는 행복을 어떻게 표현해야 좋을지.

그리고 얼마 후에 또 놀라운 사실을 알게 되었다. 회원 중에 랠리를 아주 잘하는 분이 계셨다. 탁구장에 갈 때마다 눈에 띄던 그분은 이를테면 탁구선생님 못지않게 경력이 오래된 프로급 회원이었다. 어느 날 다른 구장의 코치와 랠리를 하고 있었다. 우연히 그것을 본 나는 한눈에 반했다. 주거니 받거니 한 번도 어긋나는 법 없이 서로들 맞받아친다. 5분 10분 이어지고 보니 보는 내가 오히려 진력이 난다. 저렇게도 잘할 수 있구나.

언젠가 그날도 함께 커피를 마시면서 실력가 회원의 이야기를 꺼냈다. 아직 초보인 나로서는 꿈도 꾸지 못할 경지라고 부러운 듯이 말하는 내게 자기 남편이라고 수줍게 말했다. 처음에는 곱게 생긴 여자의 모습에 반했다가 눈이 핑핑 돌 정도로 실력자인 탁구 회원과 부부라는 것에 또 한 번 놀란 셈이다. 옳거니 좋은 생각이 떠올랐다. 내 수준에서는 상상도 못할 실력자가 한눈에 반한 여자의 남편이라는 것에 뜻하지 않은 자극을 받았다.

말이 나온 김에 남편(최욱섭氏)분에게 나 좀 가르쳐 달라는 청을 넣었던 것이다. 청이고 뭐고 할 것 없이 그게 뭐 어려운 일이냐고 수락을 하면서 다음날부터 배움이 시작되었다. 한 이틀은 바쁘시다고 나오지 않으셨으나 사흘 째 되는 날부터 본격적으로 가르쳐 주신다. 정말 빽과 겹쳐서 이리저리 랠리로서의 가르침을 받는 동안 그날의 컨디션은 최고조에 달했다. 아이들 표현대로라면 무척 신났다. 이대로 나가면 부족하지만 실력이 배가 될 거라고 나 자신 너스레를 떨었다.

운동은 좋아했어도 탁구는 그야말로 초짜 실력이다. 그런 터에 뜻하지 않은 만남으로 탁구 연습에 활력이 붙은 셈이다. 참 좋은 여자를 만났다고 좋아했는데 못지않게 좋으신 탁구 선생님을 만났다. 나 스스로도 참 좋은 만남이라고 며칠을 설렜다. 좋은 사람은 좋은 사람을 만나고 따뜻한 사람은 따뜻한 사람을 만난다고 한다. 솔직히 나는 좋은 사람도 따뜻한 사람도 아닌데 그런 만남을 갖게 된 행운을 누리고 있다.

앞으로 이 만남을 오래도록 누리고 싶다. 뭐랄까, 뒤늦게 좋은 만남을 가졌으니 좀 더 진실한 만남이고 싶다. 나 스스로가 결코 좋은 사람은 아니지만 적어도 사람을 만남에 있어 진심이고 싶고 그렇게 행동하면 뜻한 바대로 이루어지겠지. 나는 많이 부족하지만 솔직하고 따뜻하게 상대를 대하면 상대방 역시 내게서 따뜻함을 느낄 것이다. 좋은 사람을 못 만난다며 투덜대기 전에 스스로가 어떤 생각으로 상대를 대하는지를 돌아보는 것도 필요할 테니.

사람은 평생에 한 친구면 충분하다. 많은 벗을 가진 사람은 한 사람의 진실한 벗을 가질 수 없다. 그런 점에서 볼 때 최선생 부인을 만나 그 아름다움에 반하고 남편의 도움까지 받는 행복과 포만감은 어느 누구에게 비할까. 나 이제 최선생의 실력을 깡그리 전수받을 것이다. 창출어람이라고 잘하면 최욱섭 씨보다 더 실력자가 될 거라고 뽐을 내보기도 한다. 어림도 없는 일이지만 이따금 그런 생각이 들만치 나 스스로도 배움에 탄력이 붙는다. 훌륭한 가르침은 훌륭한 제자를 낳는다는 착각 아닌 착각도 딴에는 행복이다.

살면서 알게 되는 것 중의 하나가 나이 들어가는 즐거움이라고 한다. 우리의 만남은 예정된 게 아니었지만 살면서 놓치고 싶지 않은 사람을 얻게 되었다는 점에서는 특별한 만남이 아닐 수 없다. 나 자신 노년의 즐거움을 느낄 즈음부터 배운 게 탁구라면 늦깎이 파트너의 만남은 획기적이다. 더구나 그들은 내게 '좋은 만남'이라는 특별한 선물을 주었다. 언제 한 번 그들 부부와 맛난 것도 먹고 지나온 이야기도 나누면서 회포를 풀어보리라. 그러면서 회원들의 잘한다는 칭찬에 교만하지 않는 겸

손으로서 화답하는 마음을 배워갈 것을 다짐하여 본다.

하늘이 무척 맑다. 오늘따라 청옥 같은 하늘에 새털구름이 떠간다. 이 좋은 가을날 그들 부부를 만난 게 참으로 행복이지 싶다. 뜻깊은 만남은 새로운 전환점을 만든다. 우리의 만남은 혹 늦은 감이 들지만 감도 늦감이 달다. 늦어서 오히려 더욱 돈독해질 수 있지 않을까. 무엇보다 소중한 것은 친할수록 서로 존중하라는 거다. 달걀을 안고 가듯이 조심하면서 더도 말고 덜도 말고 지금처럼만 따스한 우정을 쌓게 될 미래의 행복을 그려보는 것이다. 좋은 사람과 좋은 만남을 갖는 행복을 만들어준 그들 부부에게 감사드린다.

목욕탕 데이트

오늘은 작은딸과 목욕탕 데이트가 있는 날이다. 날씨도 화창해서 딸네 집으로 가는 길이 무척이나 즐겁다. 절반쯤 갔을까, 예의 또 어디쯤 오고 있느냐고 조심해서 오라는 연락이 왔다. 통화를 끝내고 10분 후 아파트에 도착하니 그새 아래층에 내려와서 기다리고 있다. 내 딸이지만 그저 예쁘고 귀엽고 순수하게 보인다. 딸을 평생의 친구라고 하는 게 이해가 간다.

목욕을 끝내고 나면 으레 점심을 먹는다. 가까운 식당에서 갈비탕을 먹거나 혹은 딸네 집에 가서 보리밥에 된장찌개를 끓여 먹기도 한다. 그리고는 차를 마시면서 그간의 안부를 주고받는다. 카페를 가든 집에서 마시든 모처럼 시간 가는 줄도 모른다. 그러다가 내키면 쇼핑센터에서 필요한 물건을 사는 것이다.

솔직히 목욕은 구실이고 딸과 만나는 자체가 설렌다. 열흘에 한 번씩 목욕탕 데이트야말로 나이 들어가면서 최대의 즐거움이었다. 명절이며 큰일에 다녀가지만 수시로 만나서 갖는 둘만의 시간이 소중한 거다. 딸 이전에 친구 같고 때로는 한참 어린 동생 같고 뭐 그런 기분을 느낀다고나 할까.

제 물건 살 때마다 내게 필요한 것까지 챙긴다. 혹시 언짢은 기색이라도 보이면 집에 무슨 일이 있나 하고 신경을 곤두세운다. 이따금 집에 와서는 필요한 물건을 체크해 간다. 급한 것은 택배로 부치고 그게 아닐 때는 나중에 조목조목 챙겨오기 때문에 마트에 갈 일이 거의 없다. 고가품도 아니고 자잘한 생활용품이지만 세심한 마음씨가 고마울 뿐이다.

오래전 유치원에 다닐 때의 일이다. 준비를 끝내고 갈 시간이 되면 공연히 늑장을 부리거나 떼를 쓰고 그랬다. 뭐 그럴 수도 있지 하면서 풀어지기를 기다렸건만 사흘이 되어도 여전히 가기 싫다며 고집을 피운다. 도대체 까닭을 물었더니 곤란한 듯 망설인다. 괜찮으니 말해 보라고 다그쳤더니 엄마 혼자 집에서 심심할 거란다. 뜻밖이었다. 선생님께 꾸중을 듣거나 친구랑 싸우거나 해서 가기 싫어할 수는 있지만 집에서 심심하게 있을 엄마 때문이라고?

그 성품은 40년이 지난 지금도 변함이 없었다. 나이가 들어서 시골로 들어와 전원생활을 시작할 때도 이래저래 도움을 많이 받았다. 집과 땅을 장만하면서 초창기에 금전적으로 힘들 때도 제가 모아둔 주택자금을 선뜻 내주었다. 낯선 곳에 처음 발을 붙일 동안 정신적으로 힘들 때도 우정 찾아와 여행을 가거나 맛집을 데려가면서 기분을 풀어주었다. 내게 눈에 넣어도 안 아픈 딸이지만 나 역시 딸에게는 똑같은 존재였을 것이다.

우리 모녀는 그렇게 하늘 아래 단둘인 것처럼 서로 애틋한 존재였다. 딸을 생각하면 스스로도 눈가에 웃음이 떠오르는 것을 느낀다. 정말 그 딸이 아니었으면 어쩔 뻔했어 라고 아찔할 때가 많은데 얼마 전 그 딸이 갑상선암이라는 진단을 받았다. 말 그대로 청천벽력이었다. 착한 암이라고는 하지만 그래도 명색은 암이었다. 연락을 받고 병원에 가는데 눈앞이 캄캄했다. 걱정이 되지 않을 수 없고 하루하루가 고통이었다.

담당 의사의 말로는 수술 날짜를 잡고 그동안 입원하면서 체력을 보강해 주면 별다른 문제는 없을 거란다. 그런데도 어미된 마음은 금방이라도 변을 당할 것처럼 좌불안석이었다. 막상 딸 앞에서는 그런 기색을 보일 수가 없으니 더욱 힘들었다. 저도 심란할 터인데 내 앞에서는 애써 웃고 짐짓 수다를 떨기도 한다. 나 역시 함께 맞장구는 치지만 속마음은 아릴 수밖에 없다. 서로가 서로의 마음을 숨긴 채 한참을 그러다가 누가 먼저랄 것도 울먹이면 한동안 눈물바다가 된다.

얼마 후 딸은 엄마 "나 곧 나올 텐데 왜 그래? 걱정 말라니까."라고 하지만 대신 아파줄 수도 없는 자신이 그렇게 속상할 수가 없다. 즐거울 때는 모르지만 정작 아프고 그럴 때는 자식이 애물이었던 것이 지금도 선하다.

암튼 수술은 무사히 끝나고 지금은 건강이 많이 호전된 상태다. 스트레스와 음식조절 등 조심해야 될 부분 때문에 아직은 힘들다. 가족들 모두 합심해서 병이 낫도록 최대의 지원을 하고 있으나 처음 절망적이었던 것을 생각하면 그만해도 다행이다. 회복기에 좋다는 도라지즙을 보내는 것도 일과 중의 하나다. 건강식품까지는 아니어도 감초와 당귀, 밤, 대추를 함께 넣어서 달인 생강즙도 빠뜨리지 않는다. 이제는 회복기라 해도 한 번 놀란 가슴이다. 언제 또 악화될지 모른다고 열심히 챙기는 것도 자그마한 기쁨이다. 지극한 마음으로 사랑을 쏟아줄 자식이 있는 것만도 행복이었던 것을.

그러고 보니 큰딸 이야기가 빠질 수 없다. 열 손가락 깨물어 아프지 않은 손가락이 있을까마는 큰딸이라 그런지 믿음직한 건 있다. 뭐든지 지가 알아서 할 것 같고 그래서 걱정이 없는데 작은딸은 물가에 내놓은 자식처럼 아직도 온갖 걱정이다. 그렇다고 뭐 대충대충 넘어가는 성격이냐 하면 그도 아니다. 오히려 제 언니보다 꼼꼼해서 정말 신경 쓸 게 없는데도 괜히 사서 걱정이다.

큰딸 걱정으로 차린 밥상은 간단하지만 작은딸 걱정으로 차린 밥상은 상다리가 휜다. 그럴 것까지는 없는데 자식 일이라

걱정을 하는 이것도 나이 든 엄마들의 살짝 행복일 수도 있다. 그렇게 만나면서 안부를 확인하는 목욕탕 데이트가 오늘따라 무척이나 정겹다. 내 인생에 두 딸이 있고 그중에서도 작은딸의 세계가 내 안에 오롯이 자리 잡는다. 작은딸 인생 목록에도 엄마라는 나의 존재가 새겨져 있는 한 우리 모녀는 언제까지고 행복할 것이다.

저기 저 언덕에는

첫눈에 봐도 아주 젠틀하게 생기신 분이 사신다. 산을 깎아 부모님과 부인의 묘를 다듬으시면서 보기에도 양지 바른 곳을 택하여 예쁘게 다듬어 놓으셨다. 바로 저기 저 언덕에는 이따금 동네 어귀에서 만나는 분이다. 혹시 공직에 몸을 담으신 분은 아닌가 싶게 근엄하면서도 선량해 보인다. 이름도 모르고 생면부지 초면인데도 친근감이 느껴지는 사람이 있다면 혹 저 분이 아닐까 뭐 그런 생각까지 든다.

엊그제 그분이 우리 집에 놀러 오셨다. 그동안 남편과는 구면인 것을 몰랐다. 함께 밥도 몇 번 드시고 카페에서 차를 마시기도 했다나? 그러다가 오늘 모처럼 남편이 초대하는 바람에 내 집에서 뵙게 된 것이다. 마침 엊그제 달여둔 생강차가 있었다. 잘 되었다 싶어 생강차와 함께 다과를 곁들이니 처음 어색

했던 것과는 달리 훈훈한 분위기로 바뀌었다.

남편과 이런저런 근황을 나누는데 나직나직한 말투가 참으로 격조 있게 살아온 분임을 알겠다. 남편보다 몇 살이나 많은 것을 감안하면 누구라도 그 나이에는 늙음의 흔적이 조금씩은 깃들게 마련인데 나이가 오히려 품위를 가중시키는 분이다. 그런 경우 보통 곱게 늙었다고 하지만 단지 그렇다고만 볼 수 없는 배경이 있을 것이다. 뭘까.

하지만 곧 까닭을 알 수 있었다. 이런저런 얘기 끝에, 어느 날 뜰에 심은 산나물을 누가 베어갔다고 하시는 말씀이 어찌나 부드러운지 몰랐다. 남의 집 마당에까지 와서 취나물과 머위를 뜯어간 것은 괘씸한 소행인데 그런 감정이 묻어나지 않는다. 나도 모르게 "어쩜, 남의 집 뜰에 심은 것을 도려가다니, 너무하군요."라고 하니 "누구라도 맛있게 먹으면 된 거죠."라고 담담한 표정이다. 그리고는 혼잣말처럼, "나는 탐스럽게 자라는 것만 봐도 먹은 것처럼 배부른데 조금 속상하기는 했어요."라고 하신다. 아무리 너그러운 사람도 노여움 같은 게 묻어날 법한데 시종일관 웃는 표정이 첫눈에 봐도 낯설지 않았던 이유인 것을 알겠다.

긴말하지 않아도 후덕하고 너그러운 품성인 것은 사실이다. 제3자가 봐도 짜증날 일인데 하물며 손수 가꾼 것이다. 삼단처럼 우긋해진 나물을 얼마나 탐스러울지 짐작이 간다. 반찬을 해먹기도 아까워서 뜯지도 못했을 텐데 누군가 덜컥 베어가 버렸다. 아끼고 아껴온 보배를 잃은 듯 가슴이 철렁했겠지만 오죽 먹고 싶으면 그랬으랴 하고 생각을 고쳐먹은 것이다.

인정이 많은 사람이면 충분히 그럴 수 있다. 육십이 넘고 칠십을 지나 여든이 넘으면 누구라도 그 정도 인품을 갖추기는 한다. 자기 물건 아까워하지 않고 넉넉히 주는 사람도 있지만 딸이 가져간 것처럼 담담하게 말할 수 있는 품성은 드물다. 노여운 감정도 좋은 말로 삭이면서 표현할 수 있는 인품이 돋보인다고나 할지.

11시쯤 그분은 댁으로 돌아가셨다. 예의 그 언덕에 있는 예쁜 집이다. 일주일에 한 번 멀게는 열흘에 한 번 오시는 걸 보고 어디 서울에 사시나 했더니 윗동네 아파트에서 지내시면서 언덕에 그 집은 별장처럼 가끔 오시는 성싶다. 말씀을 들으니 아침이면 집 뒤편의 등성이로 산책을 하신다고 한다. 그 언덕은 특별히 풍경이 아름답다. 여름에는 푸른 소나무가 멋지고 겨울에는 눈이 하얗게 쌓이면서 백설이 만건곤해진다. 우리 마을 자체가 예쁘기는 하지만 그 언덕이 유독 빼어난 풍광을 자랑한다.

늙으면서 용모가 추해지고 시들어가는 것은 당연하지만 그 말투가 점잖고 행동거지에서 인격의 향기가 꽃처럼 풍겨 나오게 되면 오히려 늙음의 정수라 할 것이다. 시들지 않는 꽃이 없는 것처럼 늙지 않는 사람은 없다. 한편으로는 늙으면서 더욱 아름다워지는 사람도 있음을 생각해야 하리. 그분의 인생을 추적해 본다. 어쩌면 사람답게 사는 것을 최고의 가치관으로 설정한 것은 아닌지 모르겠다. 나이가 들어서도 끝까지 남는 것은 사람 됨됨이였을 테니까.

미국의 20대 대통령이었던 가필드의 일화가 있다. 그가 초등학교 때 어느 날, 선생님이 학생들에게 장래 희망이 뭔지를 물었다. 아이들은 경쟁이나 하듯, 대통령 또는 훌륭한 의사가 되겠다고 입을 모았다. 혹은 용감한 장군이 되고 유명한 정치가가 되겠다는 등 서로들 아우성을 치며 야단들이었지만 가필드는 잠자코 있었다. 선생님은 "가필드, 너는 무엇이 되고 싶니?"라고 물었고 가필드는 "저는 사람이 되겠습니다."라고 말했다던가.

어처구니없는 대답에 모두들 깔깔대며 웃었다. 하지만 가필드를 잘 아는 선생님이 재차, 무슨 뜻이냐고 묻자 "사람다운 사람이 되겠다는 뜻입니다. 사람이 사람답지 못하면 무엇이 되겠습니까?! 저는 먼저, 사람다운 사람이 되겠습니다."라고 했다지. 어린아이치고는 자못 어른스러운 말에 모두가 고개를 숙이고 숙연(肅然)해졌을 것이다. 대통령이든 의사든 정치가든 사람답지 못하면 결국 아무 일도 못한다는 의미였겠지. 가필드는 자신이 말한 사람다운 사람이 되기 위해 누구를 만나든지 사람다운 사람의 자세로 최선을 다하면서 대통령까지 올랐다.

오늘 다녀가신 노신사 또한 공직에 혹은 어디 연구원으로 재직한 것도 같지만 그분 역시 무슨 일을 하든 사람 됨됨이를 중요시했을 것이다. 오랜 날 직장에 몸담고 있으면서도 지금처럼 어지간한 일은 다독다독 묻어가면서 원만히 일을 처리했겠지. 너그럽고 후덕한 대신 본인에게는 요만한 실수도 용납하지 않으면서 처음 보는 내게도 호감을 주는 그런 인품이 형성되었을 것이다.

나도 이다음에 누군가 나를 처음 보았을 때 까닭 없이 끌리는 그런 사람이고 싶다. 하지만 그게 마음대로 되는 것은 아닌 게 그만치 노력이 따라야 하지 않을까. 성이 나도 참고 부아가 나도 감정을 억제해야 하리. 그러다 보면 멀쩡히 남의 집 뜰에 침범해서 나물을 도려가도 웃으며 타박할 수 있는 품성으로 바뀌겠지. 지금까지는 그렇게 살지 못했지만 앞으로라도 오늘 일을 교훈 삼으며 살고 싶다. 저기 저 언덕의 예쁜 집에서 가진 것에 만족하며 예쁘게 사는 그 노신사처럼.

3.

산마루턱에서

찻집에서의 함박눈

창밖으로 함박눈이 날린다. 펄펄, 떡가루처럼 하얀 꽃송이처럼 흩날리더니 세상이 금방 솜이불에 덮였다. 그리고는 잠깐 새 펼쳐지던 아득히 동심의 나라. 하늘은 언제 저렇듯 하얀 눈가루를 저장했다가 일시에 뿌려대는 것일까. 눈 오는 날이면 까닭 없이 설레던 어린 시절이 생각났다. 갑자기 펼쳐지는 백설의 원시림을 보면서 우리는 돌연 시공간을 뛰어넘어서 아득히 스무 살 시절로 돌아갔다.

옛 친구와 모처럼 점심을 함께하고 막 찻집에 앉았다. 경기 이천의 언니 집에 왔노라고 하여 참 오랜만에 만났다. 어릴 적 직장생활을 함께했던 친구와 추억을 꺼내보는 자리가 새삼스럽게 따스한 느낌이다. 그런 터에 함박눈까지 뿌렸으니 축복도 그런 축복이 없다.

그 친구의 집은 전통 한옥이었다. 직장에 다니면서 토요일이면 가끔 그 친구네 집으로 놀러갔다. 지금은 보기 힘든 늴리리야 기와집으로 대청마루가 있고 행랑채가 있었다. 뒤뜰 우물에는 맑은 물이 콸콸 흘러넘쳤다. 여름에 놀러갈 때 그 물을 마시면 더위도 싹 가셨다. 뒤뜰을 돌아가면 언덕으로 이어졌다. 그리고 언덕을 따라 가면 시냇물이 나오고 시냇물을 따라가면 바위로 둘러싸인 골짜기가 나왔다.

여름이면 거기서 물놀이를 즐기곤 했다고 하면서 지금 생각해도 참으로 고즈넉하였다. 바닷가에서 살던 나로서는 무척이나 비좁은 곳이다. 그런데서 어찌 수영을 하나 싶었지만 우리 딸들도 여름이면 그런 곳으로 피서를 간다. 집채 같은 바위가 골짜기를 에워싸고 있는 계곡이다. 강처럼 바다처럼 널찍하지는 않아도 가족 단위로 헤엄을 치고 물놀이를 즐기는 데는 무리가 없을 정도이다. 뿐이랴.

말 그대로 물소리 바람 소리가 어우러지는 곳이었다. 재깔재깔 웃는 듯 자지러지는 듯 물소리와 계곡 주변을 돌아가는 바람 소리의 앙상블이다. 그 위에 이름 모를 새들까지 날아와 지저귀니 선경이 따로 없다. 그 물이 골짜기를 지나 개울에 이르면서 친구네 마을까지 흘러들 테니 바닷가에 살던 나로서는 처음 보는 정경이었다.

그리고 얼마 후 우리 집에 갈 때는 친구의 반응 역시 나처럼 호들갑스러웠다. 집 앞의 골목과 산등선을 넘어가도 바다였으니 소위 말하는 내륙지방에 살던 친구에게는 무척이나 신비로웠을 것이다. 수평선 멀리 갈매기만 봐도 놀라워했다. 나 역시 그 친구의 고향에서 산새를 보았으나 훨씬 더 큰 갈매기가 더구나 바다에 날아들면서 이미지가 달랐던 것을 보면 바다가 아니어도 강에는 물새도 날아든다. 하지만 귀엽고 아기자기한 반면 바다새 갈매기는 스케일도 크고 장구한 느낌이었을 것이다.

우리가 친구로서 잘 맞는 것도 그 때문이라고 생각했다. 똑같이 산골이거나 바닷가라면 당연히 동질감 때문에 더욱 친근해질 수 있다. 하지만 그 반대인 경우라서 피차 정서적인 공유가 가능했던 것은 아닌지. 일례로 나는 그 친구 집에 갈 때마다 싱그러운 산바람에 취하는 대신 그 친구는 우리 집에 올 때마다 짭짜롬한 갯내음이 좋다고 했다. 뭔지 모르지만 비밀의 연결고리가 있는 것 같다. 나는 또 그 마을에서 본 산자락의 오솔길과 조붓한 길에 반했으나 그 친구는 보기만 해도 시원한 망망대해 바닷가의 풍경에 반했던 것처럼.

무엇보다 그 친구가 살던 산골짝 물이 모여서 바다에까지 이른다는 게 신비스럽다. 그 마을의 골짜기 물이 아닌 수많은 동네에서 흘러흘러 나 어릴 적 살던 바다에까지 이른 것이다. 어릴 때부터 단짝 친구는 아니지만 사회초년생이었던 우리가 각자의 인생을 살면서 수십 년 세월이 흘렀다. 물이 끝내는 바다에서 만나듯 우리 또한 수없이 흘러온 세월의 끝자락에서 머리가 희끗희끗한 채로 만났다.

창밖을 보니 눈발이 조금씩 약해진다. 저 눈 역시 어느 산골짝에서 흘러 수증기로 되었다가 눈송이로 얼어붙었겠지. 한 점 눈꽃이라 해도 하늘에서 석 달여를 머물러 있다가 날리는 것을 생각했다. 저 눈송이 가운데는 친구네 마을에서 흘러온 골짝물도 있을 테고 우리 마을의 바닷가에서 증발된 수증기도 있었을 것이다. 그것이 눈으로 날리는 정경을 수많은 사연 끝에 만난 우리가 동시에 보면서 어릴 적 함께했던 추억을 나누고 있다. 우연이었던 걸까.

얘기를 나누다 보니 짧은 겨울 해는 금방 설핏하다. 아쉽기는 하지만 훗날을 기약하기로 했다. 오늘은 친구가 사는 여주와 내가 사는 음성의 중간 지점인 이천에서 만났지만 다음에는 친구네의 고향에서 만나기로 했다. 그래 거기서 함께 직장을 다녔던 추억을 다시금 꺼내 보고 싶다. 그러다 보면 다음 수순은 바닷가인 내 고향 삼척에서 만날 수 있겠지. 어디서 만나든 어릴 적 사연을 고스란히 풀어낼 수 있는 계기가 될 테니 상상만 해도 설렌다. 오늘 특별히 모처럼 만나는 날 눈이 와서 좋았다는 감상이 언제까지고 남을 것 같다. 우리는 누가 뭐래도 젊을 때의 단짝 친구였으니까.

어머니 어머니 나의 어머니

소쩍새가 운다. 감자꽃이 필 때면 기다렸다는 듯 소쩍소쩍 울어대는 소쩍새 소리, 무심코 그 소리 따라 가보면 초로의 노인이 마늘종을 뽑고 있다. 저승꽃이 피고 손등에는 검버섯이 잔뜩 낀 할머니가, 구부정한 허리에 빛깔도 다 바랜 무명 앞치마를 두르고 반백의 머리에는 하얀 수건을 질끈 동이신 우리 어머니 같으신 노인분이.

문득 세월의 강 너머로 물결치는 어릴 때 추억이 아련하다. 이맘때면 학교 뒷산의 찔레꽃이 잔뜩 피었다. 그때 동구 밖으로 멀어지던 어머님의 하얀 머릿수건이 어린 마음에도 참 오래도록 생각났다. 커다란 나비가 큰길까지 훨훨 날아가는 듯했다. 가뭇없이 작아지던 어머니의 모습은 마침내 하얀 수건만 보이고는 홀연 사라졌다. 느티재 언덕에서 보고는 아린 것도 같고 슬픈 것도 같았던 마음이 지금도 뭉클해진다.

그리고 오랜 세월이 흘렀건만 지금 이 변변치 않은 따비밭에서 마늘종을 뽑던 그 할머니에게서 그때의 어머니를 본다. 하지가 지나면 언제나 그랬듯이 마늘을 캐 들이겠지. 그리고는 큰딸도 주고 작은딸도 주고 그러시겠지. 오래전 선생님께 마늘을 뽑아 가져오시던 그때 우리 어머니처럼.

어머니가 마늘을 들고 학교에 오시던 날은 6월 말이었다. 바닷가로 통하는 소롯길에는 해당화가 겹겹으로 피었다. 바람이 불면 매캐한 꽃내음이 느티나무골 너머 바닷가 지나 모래사장에까지 날렸다. 요즈음같이 세련된 쇼핑 가방도 아니고 그 당시 유행했던 나일론 실로 엉성하게 짠 장바구니에 담은 채 교실로 들어오셔서는 머쓱하게 건네고는 쫓기듯 그냥 재우쳐 가시던 모습이 선하다.

요즈음 말로 하면 촌지라고 할 것이나 어머니의 그것은 말 그대로 선물일 뿐 그 이상도 그 이하도 아니었다. 초등학교도 아니고 국민학교라고 부르던 그 시절 어머니의 마늘은 치맛바람이 아닌 자그마한 정성이었다. 당신 딸을 잘 봐달라거나 하는 것도 아니고 그저 텃밭에서 직접 농사지은 마늘이니 김치나 한번 담가 잡수시라는 뜻에서 가져오신 것을 나는 안다.

그날 어머니는 한복을 곱게 차려 입고 오셨다. 일하실 때는 흙투성이 옷에 신발에도 흙이 잔뜩 묻곤 하시지만 어머니는 그래도 참 단아하셨다. 차분하게 생긴 이목구비며 얌전하신 걸음걸이는 여느 양반집 규수 못지않으셨다. 어디 외출할 때도 항상 정갈하게 차려입으시던 분이다. 그런 분이 마늘을 뽑으시다가 별안간 딸의 담임 선생님이 생각나셨으리.

갓 결혼한 새댁 선생님이라는 말을 얼핏 들으신 거다. 학기초 선생님 자랑을 한답시고 너스레를 떨었는데 문득 생각이 나면서 갓 캔 마늘을 드려야겠다 싶었던 것을. 그나마도 딸이 다니는 학교에 일하시던 그 차림으로 그냥 오실 수가 없어서 한 접을 엮어 놓고는 부랴부랴 외출준비를 하셨을 게다. 이 옷도 입어보고 저 옷도 입어보시다가 끝내는 옥색 치마와 연분홍 회장저고리를 입고는 뽐내듯 하느작하느작 걸어 학교에 오신 거다. 다른 사람도 아니고 딸의 담임 선생님인데 단지 예쁘게 잘 보이려고 한 걸까. 안 그래도 참 고우신 분이었건만….

하루는 큰마음 먹고 텃밭에서 소쿠리 가득 호박과 고추를 따가지고 왔더니 "아이구 우리 딸 다 컸구나."라며 얼마나 기특해 하시던지 내가 다 민망할 지경이었다. 사소한 심부름을 해도 무슨 큰일이나 한 것처럼 머리를 쓰담쓰담 해주셨지만 가끔 또 심통이 나면 어머니 속을 뒤집어 놓기 일쑤였다. 요즈음 그게 목에 가시처럼 걸리곤 한다.

스스로 돌아봐도 나는 대체로 철부지 딸이었던 것이다. 돈도 그렇지만 혼자 살면서 얼마나 외로웠을지 헤아리지 못하고 불평불만을 쏟아냈다. 아들딸 모두 결혼을 한 뒤 자식들 집에 가실 때도 아버지 없이 혼자 나들이하는 심정을 어머니 돌아가시고 난 후에 겨우 알았다. 부모님이 생존해 계실 때는 절대 효자가 되지 못한다는 의미였을까.

딸로서 해드린다는 게 고작 전화로 안부를 여쭙는 게 일이었다. 어머니는 딸네 집에 철철 오시면서 온갖 양념은 물론 김치까지 담아서 그 무거운 것을 들고 오시느라 허리가 휘곤 하셨건만 철부지 딸은 용돈 몇 푼 드리는 것으로 자식 노릇 했다고 위안을 삼았다. 내리사랑이라고 나도 내 딸들에게 똑같이 베풀면 그게 어머니에 대한 은혜 갚음이라고 하면서 그 이상은 신경 쓰지 않은 내가 지금에서야 참, 바보 같았다고 채찍질해 본다.

나 또한 어머니도 언젠가 저세상으로 가신다는 것을 까맣게 잊고 살았던 거다. 어머니는 언제까지고 자식 옆에 계실 줄 알았다. 감기가 들어서 열이 나면 부채질을 해주시고 체했다고 하면 배를 쓰다듬어 주시고 비 오면 우산을 받쳐주는 그런 존재로만 알았다. 우연히 길에서 소나기를 만날 때가 있는데 그럴 때마다 비가 오면 으레 우산을 들고 마중 나오시던 어머니가 생각나면서 괜히 서글퍼지던 기억도 있다.

그나마도 이제는 내가 그런 어머니가 되어야 할 때라고 생각하니 아쉬움은 덜었다. 돌아가신 지 어언 십여 년이지만 아직도 곁에 계신 듯 착각이지만 나 또한 어머니 같은 그런 어머니로 두 딸을 보듬는 거다. 어머니가 내게 그랬던 것처럼 직장 다니는 두 딸을 위해 청소도 해주고 양념도 챙겨 주고 그러다 보면 우리 딸 역시 그 애들에게 내가 주었던 사랑을 그대로 전수해 주지 않을까. 사랑도 은혜도 대물림이라는 것을 소쩍새 울고 마늘을 캐는 그즈음에 추억처럼 되새겨 보는 것이다.

어머니 어머니 나의 어머니! 그저 죄송스럽고 많이 그립고 살면서 많이 그리워진다고….

행복은 우리 마음속에서

담 밑에 호박 덩굴이 뾰조록하다. 내일은 비가 내린다고 했으니 구덩이를 파서 거름 몇 번 주면 푸지게 올라갈 것이므로, 달리는 대로 호박전을 부쳐 먹을 테니 고맙다. 호박 모 옆으로는 가지 다섯 포기를 심었다. 곁순만 따주면 여름내 가으내 팔뚝만한 열매가 달리고 그러면 가지볶음을 무척이나 좋아하는 남편에게 매일매일 공양할 수 있겠다.

매 끼니마다 마당과 뒤뜰 후원을 뒤지면 미처 해먹을 수가 없을 정도로 찬거리가 흔하다. 나만 부지런을 떨면 맛집에 가서도 먹기 힘든 별식을 얼마든지 만들 수 있다. 요즈음같이 반찬이 마땅찮을 때는 상추와 쑥갓이 제격이다. 야금야금 솎아온 것을 씻어서 바구니에 받쳐 놓는다. 그 위에 파 마늘 다져 넣은 쌈장과 풋고추 여남은 개를 곁들이면 끝난다.

해동이 되고 날씨가 풀리면 봄나물만 뜯어도 상다리가 휜다. 딸네 가족이 오거나 친구가 올 때마다 한상 가득 차려내면 다들 맛나다고 법석이다. 엊그제 모처럼 두 딸 내외가 오는 날도 그랬다. 연락을 받자마자 나는 또 언제나 그랬듯이 마당을 뒤지기 시작했다. 우선 민들레 여남은 뿌리를 도려왔다. 흙을 털고 떡잎만 떼면 다듬을 것도 없이 깨끗하다. 살짝 데쳐서 새콤달콤 무치고 화단의 돌나물은 씻어 건진 그대로 양념장을 끼얹었다. 냉이는 콩가루에 묻혀 된장국을 끓이고 손가락만치 올라온 쑥은 쌀가루와 함께 쑥버무리를 안쳤다.

그만하면 충분할 것 같다. 그래도 더 뜯어올 게 있나 싶어 밖으로 나갔다. 옳거니, 집 앞 습한 곳에 돌미나리가 잔뜩 우거졌다. 한 쟁반 끊어다가 미나리 빈대떡까지 부쳤다. 어느새 쑥버무리가 익는지 향긋한 내가 집안에 자욱하다. 가족들과 함께 봄을 잔뜩 차려놓은 식탁에 둘러앉았다. 모처럼 맛있게 먹는 가족들을 보니 흐벅지다. 장에 가서 사온 먹을거리는 하나도 없지만 정말 배부르게 먹었다. 두 사위는 이런 재미로 처가에 온다고 너스레를 떨었다. 어쩐지 밉지가 않다.

예기치 않은 손님이 올 경우에도 마트에 갈 필요 없이 아쉬운 대로 상차림이 되는 시골 특유의 식생활에 매료된 거다. 삼겹살을 구워 먹을 때가 아니면 찬거리를 사지 않아도 충분했다. 요즈음 같으면 뽕나무와 오가피나무 그리고 엄나무의 순도 특별한 찬거리다. 연한 순을 데쳐서 양념장을 끼얹으면 초여름 반찬으로 그만이다. 반찬도 반찬이지만 후식으로 먹을 과일 또한 구색을 갖췄다. 요즈음 같은 때는 저장해둔 사과를 먹지만 여름 같으면 보리수랑 앵두가 있고 오디와 딸기도 붉게 붉게 익는다. 한여름에는 수박과 토마토 참외까지 달린다.

차례차례 먹을 수 있도록 골고루 심어 놓았다. 말 그대로 고기만 사다 먹을 뿐 어지간한 찬거리는 마당에서 채집해도 넉넉하다. 올해는 가물어서 심지 않았으나 울타리 돌아가면서 옥수수라도 심으면 여름내 가으내 푸지게 쪄먹을 수 있다.

남들은 건강식품이다 웰빙식품이다 특별식에 비하면 소박한 식생활이지만 나로서는 이만해도 충분하다. 건강식품이 물론 나쁠 것은 없지만 내 생각은 약간 다르다. 먹을 때는 즉 고량진미라 해도 100% 소화 흡수될 때라야 건강을 말할 수 있기 때문이다. 누리는 것은 소박한 식생활이지만 고량진미 못지않은 웰빙식품으로 바꿀만한 여건을 갖췄다고 본다. 흔한 나물 반찬에 과일이지만 돈 주고도 사기 힘든 유기농 식품이다.

시골이라 공기 또한 맑고 깨끗하다. 볼일이 있을 때나 가끔 읍내로 나갈 뿐 집에 들어서면 일단은 신선놀음이다. 소풍을 가면 김밥 하나도 맛있게 먹을 수 있듯이 산 좋고 물 좋은 시골 마을에서 보약이나 먹는 것처럼 소화가 되니 중증이 없는 한 건강은 보장된다고나 할까. 내 집 마당은 물론이고 5월에는 집 뒤 언덕만 올라가도 취나물과 고사리 등이 흔했으니 금상첨화다. 가을에 도토리를 주워서 앙금을 내는 것도 내가 할 수 있는 최고의 건강식이다. 진짜 도토리묵을 사 먹기도 힘든 판인데 가을이면 마당으로 굴러 내려오는 도토리를 줍기만 하면 되니 전원생활치고는 최고의 호사라 할 것이다.

새삼스럽게 마당을 둘러본다. 대문밖에 심어둔 뽕나무를 보니 파릇파릇 돋아난 촉이 금방이라도 우거질 기세다. 한여름에도 뽕나무 그늘 밑에 들어가면 무척 시원했다. 못 다 먹은 뽕나무 순은 가을에 말려서 묵나물을 만들곤 했다. 창문을 열면 야트막한 산이 병풍처럼 에워싸고 들리느니 새소리 물소리 바람 소리에 젖어 살다 보면 무릉도원이 따로 없다. 시골에서 이름 없는 여자로 사는 행복이 느껴지는 순간이었다. 멀리 갈 것도 없이 우리 마음속에서 싹트는 행복이 그런 것이었을까.

여기서 더 무얼 바라랴 싶다. 한때 부귀영화를 누렸던 사람도 나이가 들어서는 전원생활을 꿈꾸지 않던가. 뒤늦게 풍류를 알게 되니 솔 심어 정자 삼고 대 심어 울타리 만드는 운치를 노래했다. 더 좋은 집에서 더 많은 호사를 누린들 뽕나무 심어서 정자 삼는 풍류가 천금보다 귀하다. 세상 그 어떤 부귀와도 바꾸고 싶지 않을 만치, 더도 말고 덜도 말고 딱 요만치 행복을 누리고 싶다. 넉넉하고 많아서 행복보다는 가진 만큼 누릴 줄 아는 행복의 진정성을 배우는 것으로서….

빨간 캐시미어 속치마

모처럼 대청소를 하는 날이다.

우선 서랍장부터 정리했다. 입을 만한 옷만 남긴 뒤 버릴 작정으로 하나씩 끄집어냈다. 개켜놓은 옷을 보면 작년부터 지금까지 1년 내 한 번도 입지 않은 것들이다. 외출할 때마다 오늘은 무엇을 입을까 늘 걱정했었지 않은가. 그런데도 한 번 제대로 꺼내 입은 기억이 없다.

당연히 버려야할 것들이지만 막상 버릴 게 없다. 어떻게 하지? 이것도 아깝고 저것도 아깝고 이것은 이렇게 입어도 되고 이것은 외출할 때 입어도 좋겠고, 또 이것은 홈웨어로도 괜찮네 혼자 중얼거리다 보면 다시 서랍장에 들어간다. 대청소를 할 때마다 입지 않는 옷은 버려야지 하면서도 늘 그 짝이었다. 작년에도 재작년에도 그랬던 것처럼 할 수 없지. 내년에 또 정리하게 될지언정 그냥 입는 수밖에 없다고 하면서 마지막 서랍장을 끄집어내는 순간 맨 밑에 고이 접혀 있는 빨간 속치마가 눈에 띄었다. 친정어머니께서 혼수로 장만해 주신, 원단이 캐시미어로 된 두꺼운 속치마였다. 난방시설이 잘된 지금이야 그런 것을 혼수로 장만하지는 않지만 그때는 겨울에 입을 캐시미어 속치마를 혼수에 넣었다. 지금은 없어진 한일합섬의 원피스형 속치마로 어깨끈이 달리고 허리는 잘쏙하게 들어간 특별 디자인이었다.

결혼생활 초반에 이사를 다닐 때마다 이삿짐 속에 갖고 다니며 소중히 간직했던 속치마를 감싸 안으면서 어머니의 체온을 느껴본다. 끝내 버린 것은 하나 없이 옷장만 멀쩡히 쓸고 닦고 그러면서 끝났지만 무엇과도 바꿀 수 없는 추억의 빨간 캐시미어 속치마 하나 건졌다.

중·고등학생 어린 딸을 객지에 있는 자취방에 보낼 때면 몰라도 다 큰 딸이 시집가는데 두꺼운 속치마를 혼수품으로 넣어주는 어머니 마음이 푹신한 옷감만치나 정겹다. 그 즈음에는 이런 속치마가 흔했지만 나만 그런 혼수를 받은 듯 한동안 혼자 설레고 그랬다. 유달리 붉은 빛깔이 그동안 세월에 빛이 바래기는커녕 피어나는 꽃송이처럼 갓 떠오르는 해님처럼 찬란한 색깔이 눈부시게 피어오른다.

그러나 한 번도 입지는 않았다. 솔직히 아까워서 입지 못했다. 요즈음 흔히 보는 란제리처럼 남들은 추운 겨울 밤 잠옷으로도 입었다지만 신주단지처럼 받들어온 터였다. 어느 날 무심히 꺼내 보고는 어머니를 생각하곤 했다. 철부지 딸로서 막상 곁을 떠나고 보니 하루도 그립지 않은 날이 없었다. 어머니로서는 우물가에 둔 것 같은 철부지가 슬하를 떠나 결혼을 하니 앉으신 자리가 꺼질 정도로 근심걱정이셨을 거다. 그나마 빛깔 고운 이 속치마 한 벌 넣으시면서 낯선 결혼생활이 불꽃처럼 환하게 피어나리라 기원하셨을 텐데….

어머니가 장만해 주신 혼수로는 속치마 외에도 면 저고리가 있었다. 그때 당시에는 그래도 예쁘다는 저고리였다. 내가 살던 삼척 바닷가에서는 생선장만 크게 이루어진 걸 생각하면 아마도 시골의 보따리 장사에게 산 듯하다. 사흘이 멀다 하고 드나드는 장사치들에게 특별히 주문한 것일 수도 있겠다. 지금처럼 최고급 예복은 아니었어도 분홍색 깨끼한복은 그때로서는 참 고급이었다.

날짜를 잡아놓고 사셨다 해도 그동안 수십 번 수백 번 꺼내서 개켰다 펴시면서 감상했을 정경이 선하다. 마침내 그것을 빨간 캐시미어 속치마와 함께 두었던 나는 장롱 속에서 얼룩이 지는 바람에 아무 생각 없이 버렸다. 우연히 그 사실을 말씀드렸더니 무척이나 서운해 하시던 기억 때문에 이것만은 버리지 말아야지 하면서 소중히 간수해왔던 것이다.

한 번도 입지 않은 채 뒀던 50년 세월이 잡힐 듯하다. 빛깔도 찬란한 속치마 한 벌 장만해서 시집갈 때 주려고 몇 달을 계를 모아서 딸의 혼수에 넣어주셨던 어머니. 아유, 너무나 따뜻하다. 우리 어머니 정말 온화하고 따뜻하셨던 품성이 스며들면서 가슴이 미어지는 이 느낌. 아! 그리운 어머니 살아생전 한 번 잘해 드리지도 못하고 불평만 했던 딸이 빨간 속치마에 어머니의 따스했던 마음을 끌어안은 채 불효했던 일만 떠오르면서 한참을 넋 나간 듯 속치마를 놓지 못한 채 눈물바람이다. 지금 내 나이가 70도 넘은 것을 생각하지 않을 수 없다. 손자가 어언 대학생이 될 즈음인데도 돌아가신 어머니를 생각하면 그 손자보다 어린 철부지가 되곤 했으니 부모님이 세상을 떠나야 간절히 생각나는 불효가 스스로도 안타깝기만 하다.

어머니가 돌아가신 지금 빨간 캐시미어 속치마는 결국 소중한 유품으로 남았다. 무심코 들여다보면 어머니 냄새가 난다. 어머니가 평생 끼고 다니시던 짭짜롬한 바다 냄새와 흙내 물씬한 고향 냄새, 텃밭에서 푸성귀를 가꾸시던 땀 냄새, 적삼 냄새가 난다. 곱게 키운 딸의 혼수 장만 때문에 노심초사했던 어머니의 향기가 난다. 다정하고 조용조용하셨던 어머니가 딸을 위한 정성으로 마련한 모습을 생각하면서 나 또한 힘들었던 삶을 견디었으니 어머니 품속만치나 정스럽고 따뜻한 속치마인 것을….

앞으로 이 속치마는 영원히 버리지 못할 것 같다. 입지도 않은 채 간수만 해왔어도, 이것은 못 버리겠어서 다시 서랍 바닥에 도로 넣어둘 때마다 마음은 아득히 고향의 바닷가로 달린다. 비록 세상에 계시지는 않아도 소중한 캐시미어 속치마가 있는 한 어머니와 나의 추억도 영원할 것이다. 어머니가 가신 그 길을 똑같이 밟고 가다 보면 이생이 끝나고 다시 태어난다면 역시 어머니의 딸로 태어날 수 있을까. 그렇게나마 세상에 없는 어머니를 그리면서 어린 시절의 추억 탑을 쌓고 싶다.

부자자효(父慈子孝)

"할머니! 우리 아빠도 외갓집에 오라고 하면 안돼요?"

다섯 살 된 손자 자민이가 하는 말이었다. 휴일이면 엄마랑 산책도 하고 잠자리를 잡거나 풀밭에 앉아 들꽃을 꺾는다. 여느 때 즈 엄마가 직장을 가는 날 오후에는 함께 뒷산에 가서 도토리를 줍고 메아리도 부른다. 시골에 오니까 참 재미있다고 여기 와서 살고 싶다고 하던 녀석이 갑자기 생뚱맞게 물으니 갑자기 머리를 얻어맞은 듯 당혹스러웠다.

딸네가 우리 집에 와서 산 게 어언 달포가 지났다. 얼마 전 딸네는 살고 있는 빌라를 2년 계약으로 세를 놓고 도시에 있는 아파트로 갈 작정이었다. 사위가 서울 본사로 발령이 나면서 그렇게 한 거였다. 도시에서는 아파트 단지 내에 학교가 있고 병설유치원도 있지만 인원이 한정되었거니와 서로 병설유치원을 가려고 하는 추세라 더욱 치열하였던 터에 운 좋게도 유치원을 갈 수 있는 결과도 되었는데 무슨 사정인지 본사 출근이 미뤄졌다.

난감했다. 세를 놓은 빌라는 2년 후에나 계약이 만료된다. 본사로 출근하게 되면 서울에 있는 아파트에 살기로 했는데 할 수 없이 다시 세를 놓고 결국 우리 집에서 머물기로 했다. 딸이야 직장이 가까워서 별 상관없고 손자는 다니던 유치원에 다니는 것으로 낙착이 되었으니 간단했다.

문제는 사위였다. 직장이 우리 집에서 너무 멀었지만 아침저녁으로 출근할 수는 있을 텐데 굳이 주말부부를 자청했다. 하지만 그도 말뿐 직장에서 일이 많은 날은 쉬고 싶다면서 2주에 한 번 3주에 한 번 오는 것도 벅찼다.

지금 생각하면 딴에는 어려워서 더 오지 못했을 건데 하면서도 나는 바빠서 그런가보다고 간단히 치부해 버렸다. 그렇게 일주일 열흘 지나 한 달이 되어갈 무렵 손자가 그렇게 하는 말에서 지금도 애잔하고 눈시울을 붉히게 된다. 그날도 숙제를 봐주다가 과일을 깎아주고 있었다. 물끄러미 보고 있던 녀석이 "할머니! 우리 아빠도 여기 오라고 하면 안돼요?"라고 마치 어려운 허락을 받을 속셈인 양 슬그머니 눈치를 보며 하던 모습에서 지금도 선하다. 이것이 그동안 아빠가 보고 싶었던 거로구나. 그리고 말했다. "그래? 아빠도 여기서 출퇴근하라고 하자꾸나."

그렇게 말하는 할머니 모습을 무슨 큰 다짐이라도 하듯 바라보던 내 손자 그 어린 것이 아빠와 같이 있고 싶고 아빠라는 그 자리를 제 딴엔 얼마나 하루하루 보기를 원했고 그리워했을까 싶다. 이 못난 할머니는 그저 내 손자, 내 딸과 같이 지내는 것만 좋아서 손자의 마음을 헤아리지 못했다. 생각할수록 마음이 아파 오는 기억이다.

이튿날 딸과 의논을 끝내고 사위를 불렀다. 멀기는 하지만 자민이를 위해 여기서 출근하도록 권유했다. 사위도 그렇게 하면 여러 가지가 편하겠다고 좋아한다. 자민이도 뛸 듯이 기뻐했다. 진즉 그렇게 할 걸. 딴에는 부자자효의 기회를 찾아주기나 한 듯 내심 기쁘다. 부모는 자식을 사랑하고 자식은 부모에게 효도하는 게 서로의 본분인데 그것을 막아버렸다. 못할 짓이나 한 듯 짠하다.

손자가 그 말을 한 것은 지금도 눈치 없는 할머니로서의 애잔한 기억이다. 어른들이야 세월이 빠르다지만 자민이는 아직 어린애였는데 더구나 아빠를 보지 못하고 지낸 몇 달이 얼마나 지루했을까. 물론 이따금 다니러 오고 그럴 때마다 함께 놀러가고 했지만 그동안의 공백 기간을 채우기는 역부족이었을 것이다.

자민이는 계집애처럼 생겼다. 머슴애라서 좀 씩씩하고 걸출

하기를 바랐지만 이목구비가 오목조목 예쁘다. 생김 그대로 세심하고 하고 싶은 말이 있어도 참는 편이다. 그런 성격이라 얘기를 하자니 눈치가 보였을 거다. 그냥 있으려니 1년을 아빠를 보지 못하는 외갓집에 머물러야 하는 게 얼마나 아득했으면 벼르고 별러 간신히 말을 꺼냈다. 벌써 10년 전 일인데도 간절했던 그 목소리. 시원스럽게 내뱉지도 못하고 눈치나 보듯 띄엄띄엄 말하던 여운이 무심히 생각난다.

그렇게 아빠와 지내고 기한이 되어 다시 자기 집으로 들어갔다. 그해 겨울 아침 일찍 전화를 해서는 "할머니 집에도 눈이 와?"라고 묻던 녀석이다. 가뭄 끝에 비가 오면 우리 논에도 비가 오느냐고 달려 나오는 어른들 얘기는 들었지만 전화로 눈 소식을 알려주는 아이는 자민이밖에 없을 것이다. 모처럼 눈 풍경이 하도 예쁘고 감동이었는데 문득 내가 좋아하는 할머니 집에도 저 눈이 내렸을까 미심쩍은 마음에 연락을 취하고 확인해 보던 그 심성이 '아빠도 외갓집에 오라고 하면 안돼요?'라고 하던 천진한 눈망울에 엇갈려 지나간다. 첫눈이라도 올 것 같은 초겨울이면…

산마루턱에서

저만치 고라니가 보인다. 나를 따라오라는 듯 힐끔힐끔 뒤를 보며 걷고 있다. 봄이면 백합이나 장미의 꽃망울을 똑똑 잘라 먹는 습성이 있다. 그저 좋고 예쁜 것은 골라서 먹는 것을 보면 앙증맞고 귀엽다. 더구나 나를 보고도 무서워 않는 것을 보면 어쩐지 안면이 있나 싶기도 하다. 언젠가 집주변 채소들을 무자비하게 뜯어 먹던 그 녀석일 게다. 애써 키운 채소가 엉망으로 될 때마다 소행이 괘씸했지만 길가의 음식물 쓰레기까지 뒤져서 먹을 때는 얼마나 배가 고팠으면 저러나 싶어 마음이 안됐다.

시골에 살다 보니 가끔 그렇게 고라니가 눈에 띈다. 말은 또 고라니라고 했지만 노루를 보고 고라니로 착각할 때도 있다. 지금 앞에 가는 저 녀석은 평소 자주 보았기 때문에 익숙하지만 가끔은 노루가 돌아다니기도 하기 때문이다. 처음에는 그놈이 그놈 같고 해서 헷갈렸으나 이제는 슬쩍 보기만 해도 구분이 된다.

노루는 꼬리가 짤막하지만 고라니는 8센티 정도로 길이감이 느껴진다. 겨울 해를 노루 꼬리보다 짧다고 하는 것만 봐도 고라니는 그보다 길다는 뜻이다. 노루는 또 옆에서 봤을 때 각이져 있고 고라니는 엉덩이가 둥글게 내려온다. 그 외에 노루는 엉덩이가 희고 꼬리가 거의 없으며 고라니는 암수 모두 뿔이 없고 송곳니가 있다. 노루는 수컷만 뿔이 있고 암수 모두 송곳니가 없다. 노루와 고라니처럼 비슷한 거라면 사슴과 순록이 있다. 사슴도 노루와 마찬가지로 수컷만 뿔이 있으나 순록은(사슴과에 속하는 짐승) 암수 모두 뿔이 있다.

자세히 보면 특징이 나오지만 얼핏 볼 때는 생김새가 비슷해서 분간해 내기가 어렵다. 어디 고라니와 노루뿐이랴. 부엉이와 올빼미도 아주 흡사하다. 부엉이는 귀가 있고 올빼미는 귀가 없다. 들판에 자생하는 식물을 봐도 비슷비슷 고만고만한 것들이 많은 것을 보면 무엇이든 자세히 봐야 고유의 특징이 드러난다.

산모퉁이를 지나 이제 막 산마루터기에 도착하니 많은 등산객들이 다녀간 듯 두드러진 모습이, 쉬어갈 수 있도록 다져 놓은 듯하다. 야트막한 산 밑으로는 옹기종기 마을이 전형적인 시골 풍경이다. 울적했던 마음이 거짓말처럼 씻겨 내려간다. 나를 울적하게 한 것은 텔레비전에서 본 코로나19 상황이었다. 이제 그만 잠잠할 때도 되었건만 여전히 증가하는 확진자가 마음을 무겁게 한다.

답답한 가슴을 토해내고픈 마음에 밖으로 나왔다가 고라니를 보면서 기분전환이 되었다. 산언덕을 올라 매번 다니던 길을 걷고 있노라니 조금은 후련하고 맑은 공기가 나를 휘감고 어루만져준다. 무심코 오른 것이 아니었건만 마음을 후벼 파던 갈증이 그나마 해소되는 듯하다. 세기말적인 전염병 창궐로 수많은 사람들이 공포에 떨고 있으나 이 또한 인류의 역사를 장식하는 모종의 사건이려니 생각한다.

중세 유럽을 강타했던 페스트가 생각난다. 흑사병이라고도 하는 이 전염병으로 유럽인구(당시 7500만 명)의 3분지 1인 2500만 명이 죽었다. 코로나19와 페스트는 우선 중국에서 발병했다는 게 공통점이다. 일설에는 터키와 이탈리아에서 유럽 전역으로 퍼졌다고 하지만 몽골의 서방진출 당시 퍼져나갔다는 추측을 감안했을 경우를 보면 부인할 수 없는 사실이다. 그에 비해 다른 점이라면 흑사병은 전염율과 치사율이 같고 주로 젊은 층이 사망했으나 코로나19는 전염성은 높은 대신 치사율이 높았으며 노년층이 많이 사망했다.

페스트가 또 봉건제도의 붕괴를 가져왔다면 코로나19는 4차

산업과 AI산업 발달의 계기가 되었다. 엄청나게 빠른 전염이 공포스러울 정도이나 가끔은 전염병이 누적되고 곪아 터진 사회적 문제와 국가적 분쟁을 해소시켜 주기도 한다. 전국으로 번지고 있는 코로나19 역시 왔다가 잠시 쉬었다 가는 모습으로 떠나는 것을 오늘 이렇게 산마루턱에 앉아 염원한다.

2019년에 발병하여 코로나19라고 하지만 너무나도 큰 병으로서 전 세계인들이 두려움에 떨고 있다. 그 누구라도 이 고통을 잘 헤쳐나갔으면 하는 마음이다. 나 오늘 이렇게 답답함을 여기 맑은 공기로 하여금 달래고 있을 때에도 뉴스에서 또 몇 명의 확진자가 나타났다고 조심하라는 것을 생각할 때 안타까운 심정이다. 1년이 넘도록 걱정에 빠진 이 상황에서 어서 빨리 벗어날 수 있도록 두 손 모아 빌고 싶다. 모두가 걱정인 이 아픔이 하루빨리 사라질 때 모두의 행복과 평안함이 되지 않을까.

우리 아름다운 뜨락

마음의 여유와 한가로움에서, 인연이라는 것에서 그래 과연 이런 것도 인연의 크나큰 인연이다 싶어 펜을 들어본다. 시골에 정착하여 살면서 모든 것에 마음의 여유와 성실함으로 살아왔다.

매번 느끼는 것은 풍광의 순수함과 모든 것에 그저 감사하고 이렇게 사는 것이 나의 바라왔던, 또한 느끼며 살고 팠던 것이지 싶다. 때로는 마음의 여유를 가지려 하다가도 그런 여유를 가지는 것에 죄스러움마저 들 때도 있지만 그저 나를 다독이며 마음의 순수함으로 바꾸려 한다.

인연(因緣)이란 사람들 사이에 맺어지는 관계를 뜻한다. 부수적으로는 어떤 사물과 관계되는 연줄 또는 일의 내력을 뜻하기도 한다. 동음이의어 인연(夤緣)이 또 덩굴이 줄을 타고 혹은 나무뿌리나 바위를 타고 올라가는 것을 뜻한다면 복잡하게 얽혀 있는 원초적 의미를 뜻하는 것 같다.

인연의 뜨락에는 행복의 꽃이 핀다. 정말이지 없애고 싶은 악연도 있지만 행복의 나무를 키우기 위해서는 불행의 잡초를 감수하는 것처럼 좋은 인연을 위해서라도 참을 수 있어야 하지 않을까. 그 뜨락에도 먹구름은 끼지만 태풍이 지나가야 맑고 푸른 하늘이 드러나는 것처럼 좀 더 밝고 명랑한 햇살을 불러들이기 위한 조짐이다.

이제 나도 나이 들어 모든 것에 느끼는 바가 없을 때가 있다. 그저 무뎌지고 둔해진 감수성에 대한 아주 슬픈 위안으로 남는다. 젊었을 때는 아름다움으로 씩씩한 마음이 위안이었다면 늙어간다는 것은 초조와 후회로움으로 비춰질 때가 있다.

한결같이 아름다웠다면, 모든 것에 자신감과 더할 나위 없이 나만을 사랑하였다면 이제 세월의 흐름에서 모든 것을 보듬을 수 있는 지성만으로도 감사할 수 있어야 되지 싶다.

나 자신 그렇게 하려고 마음 먹어본다. 내가 이 마을에 몇 년을 먼저와 터를 잡고 살 때 윤영옥 여사님! 내가 형님이라 하여 많이 좋아하며 존경하는 분이다. 남의 허물을 탓하기를 싫어하시고 가끔은 바른 말씀을 하실 때는 무안할 때도 있지만, 그 말씀이 나의 마음을 다스릴 때도 있다.

처음 오셔서 집을 짓고 사시면서 가끔은 내가 지나갈 때면 그렇게 새초롬하니 마주치려 않으며 정겨운 데가 없다하여 무척이나 안타까우셨다고 하시는 말씀에서 참 내가 그렇게 보였나 싶다.

선불리 마음을 주지 않고 내성적이었던 내게 그럴 만도 하다 싶다. 그래서 맞아요 형님 말씀이 맞는데 내가 그렇게 낯가림이 심하고 속내는 그렇지 않다하여 지금은 정말 마을에서 좋아하는 형님으로 여기면서 살고 있다.

작년에는 마음의 병으로 무척이나 아팠었다. 무엇을 먹지 못하여 어디라 할 것 없이 말라가는 모습으로 살았다. 하루는 형님이 나를 부르면서 집으로 데리고 가더니 뽀얗게 끓인 돼지족탕을 그것도 큰 그릇으로 한 사발을 내놓으셨다.

이제껏 살면서 돼지족탕을 먹어보지도 해먹을 생각도 않았던 내게 뽀얗게 끓여 내놓으시며 먹으라 하신다. 밥맛이 없고 아픈 내게 데려다 먹이려고 하시는 마음, 먹어보지도 않고 그 고마움을 표현할 길 없이 수저를 들고 먹어보니 정말 이런 맛이구나 싶다.

뽀얀 국물이 왜 그리도 구수하고 맛있었던지 두고두고 잊을 수 없는 맛이다. 무엇으로 그 맛을 보답할 것인가. 마음씨가 맑아 누구에게 보답을 받는 것도 싫어하시기에 지금까지도 별 보답도 못하고 이렇게 고마움을 글로써 표현해본다. 정말 고맙고 잘 먹었노라고 말이다.

그 맛은 내가 이 마을에 살면서 형님을 만나면서 잊을 수 없는 고마운 맛난 음식이었다고. 며칠을 못 보면 궁금하여 가끔 소식을 보내보는 형님으로서 나에겐 크나큰 인연이지 하는 마음 언제까지나 잊어지지 않을 것임을….

인연이란 이런 것이지 싶다. 우연히 이렇게 맺어지는 것임을…. 이제 새삼 멋지게 좋은 생각만 하면서 맑고 깨끗함으로 늙어갈 것을 다짐해본다.

내 손자 자민이

손자에게 카톡이 왔다. 며칠 전 영어 시험을 치렀는데 만점을 받았노라고 시험지까지 사진을 찍어서 보내왔다. 정말 잘 보았다고 우리 손자 정말 정말 공부 잘하는구나 칭찬하면서도 건강이 첫째이니 건강 조심하고 또 마스크를 잊지 말고 하고 다니랬더니 종일 쓰다 보니 두통이 난다고 했다.

그래그래 공부도 중요하고 잘하였지만, 깨끗한 생활습관도 중요하다고 일러줬다. 볼 때마다 수시로 해온 말이다. 듣기에 지루할 수가 있는데도 시험을 잘 본 것 때문인지 자꾸만 칭찬을 해주고 싶고 그러자니 또 건강이 중요하다는 것을 누누이 강조하게 되는 것이다.

외손자 자민이를 키운 것은 아주 어릴 때부터였다. 막내딸이 출산을 하고는 석 달 만에 다시 출근을 하는 바람에 내 몫으로 떨어진 거다. 우유를 데워 먹이고 그다음 이유식을 만들어 먹일 동안은 잔병치레도 많았다. 밤중에 별안간 열이 나면 새벽부터 일어나 병원 갈 준비를 하기도 했다.

아침도 먹는 둥 마는 둥 병원에 가서 처방을 받고 약을 먹고 나면 조금씩 나아지고 그때는 내가 또 병이 나기도 했다. 손자가 아프니 걱정이 되어서 밤잠을 설치게 되고 그 바람에 탈이 생긴 거지만 무럭무럭 자라는 손자를 보면 걱정도 사라진다.

그렇게 3년쯤 되던 해 어린이집에 입학을 하게 되었다. 아침이면 배꼽 인사로 "유치원 다녀오겠습니다."라고 하면서 집을 나선다. 가방을 메고 나가는 뒷모습을 하염없이 바라볼 때가 있다. 막내딸에게는 첫 번째로 낳은 손자로서 눈에 넣어도 아프지 않다. 떼를 써도 귀엽고 보기만 해도 그저 웃음이 나고 배부르다. 내 딸들을 키울 때는 전혀 느끼지 못했던 감정이다.

언젠가 나의 건강이 좋지 않아 병원에 입원을 하였는데 학교 갔다 와서는 가방을 벗지도 않은 채 전화로 펑펑 울면서 할머니 아프지 말라고 할 때 전화 받는 나 역시 한참을 울었다. 그저 안쓰럽고 그저 귀엽기 만한 내 손자 크면서 한없이 듬직한 것은 너무 많은 것에 정도 있지만, 내 딸들에게 보다 더한 감정은 무엇일까 싶지만 내 손자라는 것에서 더 많은 애착이 아닐는지.

생일이면 고사리 같은 손으로 선물과 할머니 사랑한다는 편지와 함께 안겨 주는 예쁜 내 손자다.

그러던 꼬마가 올해로 중학생이 되어 막 입학을 앞두고 있었는데 급기야는 코로나19사태가 번졌다. 말 그대로 입학식도 치르지 못했다. 중학교 입학을 위해서 맞춘 교복은 입어보지도 못하고 3월이 후딱 지나갔다. 집에서 어쩔 수 없이 온라인 수업을 하게 되었다.

9시가 되면 컴퓨터를 켜놓는다. 단정히 앉아서 하는 모습은 정말 진중한 모습이다.

공부야 뭐 요즈음 아이들은 어릴 때부터 컴퓨터로 하기도 했기에 걱정될 것은 없다. 하지만 정장과 같은 모습의 교복을 입고 학교를 가는 모습을 상상해 왔던 내게는 충격이 아닐 수 없다. 처음 한두 달은 이러다가 상황이 좋아질 수 있으려니 하고 기대를 했지만 5월까지도 감감무소식이다. 이러다가 영영 학교에도 못 가나 싶어 걱정스러웠는데 마침내 6월 8일부터 격주로 등교를 하게 되었다.

그나마 다행이었다. 처음 학교에 가던 날 입학식도 못 치렀던 교복을 다시 손질해 입히면서 만감이 교차했다. 그것도 코로나19로 하여금 동복을 입어보지도 못하고 하복을 입는 계절로 되었다. 하필이면 전염병 때문에 학교도 그나마 격주로 가야 되니 손자로서는 안타까운 기억으로 남을 것이다. 엄청나게 퍼지는 기세 때문에 전 국민이 긴장해 있다. 어른들은 모임을 최대한 줄이고 만난다 해도 안전거리 유지를 철저하게 지키는 중이다.

그런 가운데 가장 취약한 곳은 당연히 학생들로 북적이는 학교이다. 입학식은 자연히 취소되고 등교는 자꾸만 미뤄지고 그러다가 한 달이면 격주로 2주의 수업으로 가게 된 것이다. 하루에도 수많은 사람이 죽어나가는 전염병 사태를 생각하면 그 정도만 해도 천만다행이다. 그러던 중 오늘은 영어 시험에서 만점을 받았다고 카톡까지 받았다. 정말 세상에서 최고로 귀엽고 미더운 내 손자다. 살면서 고달프고 힘들었던 것을 다 잊게 할 만치 그랬다. 앞으로 어떤 어려움이 닥칠지언정 보기만 하면 없는 힘도 생겨날 것 같다.

마스크를 쓰다

녹음이 우거진 산자락을 걷고 있다. 길섶에는 수많은 들꽃이 만발하고 이름 모를 새가 재재거린다. 따스한 봄볕에 마음은 산란하고 모처럼 오솔길을 돌아가니 자연의 아름다움이 새삼 다가온다.

코로나19 때문에 다들 걱정이 태산 같다. 확진자가 나왔다 하면 집단으로 감염되는 추세이다. 외출은 생각할 수도 없고 불가피할 때는 마스크를 쓰고 나간다. 숨이 차고 답답해도 그렇게 하지 않으면 감염확률이 훨씬 높다. 면역력이 약한 노인들은 걸렸다 하면 치명타라니 무섭고 두려운 세상이다.

최근에는 또 확진자가 늘어나면서 마스크 스트레스가 장난 아니다. 물량이 딸리고 보니 주민등록 번호 끝자리에 맞춰서 사야 되는 판국이다. 약국은 마스크를 사는 사람들로 붐볐다.

줄을 서서 기다리거나 끝내는 그냥 돌아오는 사람도 있다. 우리 내외는 마스크 대란이 일어나기 직전에 작은딸이 보내줘서 걱정을 덜었다. 마스크가 없으면 외출도 어렵기 때문에 미처 구하지 못하고 쩔쩔매는 이웃에게 나눠주기도 하면서 사태의 심각성을 확인하곤 했었다.

마스크 생산이 원활해지면서 스트레스는 줄었으나 외출할 때마다 감염의 의혹 때문에 마음은 편치 않다. 그런데도 절기는 어김없이 찾아왔다. 코로나19 발병 이후 모두가 마스크를 구하지 못해서 동동거릴 때도 겨울은 가고 봄이 되었다. 얼었던 땅이 녹기 시작하면서 살구꽃, 벚꽃이 만발하더니 어느새 초여름으로 치닫고 있다. 곧이어 들판은 푸르러지고 농부는 밭을 갈아 씨앗을 뿌린다. 참으로 놀라운 게 아무리 어수선해도 자연의 풍경은 규칙적으로 바뀐다는 점이다.

길옆으로 이제 막 봉오리를 틔운 봄꽃 나무가 예쁘다. 갑자기 전염병에 시국이 어수선해도 때맞춰 피는 자연의 섭리가 숙연하다. 시련이 닥칠지언정 의연히 나가는 거다. 모진 태풍도 잠잠해질 때가 있듯이 어려움도 극복할 일이다. 코로나19 같은 전염병이 자기 뜻과 의지로 되랴 싶기는 해도 삼가고 조심할 것은 있다.

사고방식이나 생활이 건전하면 건강은 대부분 따라온다. 선천적으로 튼튼한 사람도 불규칙한 생활에 행실이 난잡해서는 건강을 보증하기 어렵다. 약하게 태어났을지언정 검소한 생활과 차분한 심성이라면 웬만치는 유지되지 않을까.

딱히 전염병이 아니어도 개인적으로 병이 찾아올 때는 주변을 돌아보면서 반성의 계기로 삼는 것도 교훈적이다. 생사의 질병이 아닌 견딜 수 있을 정도의 소소한 병 앞에서는 나름 경건한 마음도 필요하다. 코로나19 또한 아무리 과학이 발달하고 첨단 의료시설을 자랑한다 해도 뚜렷이 방안은 나오지 않았다. 백신을 개발한들 변이성으로 발전할 경우 바뀌는 대로 만들어내기도 힘들고 대책이 불가능하다.

15세기 중엽 페스트가 중세 유럽을 휩쓸었을 때는 훨씬 공포 분위기였다. 지금은 상황이 나빠도 원인은 밝혀졌으나 그 당시 사람들은 신의 노여움이라고 두려워 떨기만 했다. 약도 없고 처방도 없고 치사율도 높아서 걸렸다 하면 죽음에 이르렀다. 사람들이 취할 수 있는 유일한 방법은 고향에서 최대한 멀리 떠나는 것이었다. 당시 유럽 인구의 25%를 죽음으로 몰아넣은, 온몸이 새까맣게 변해서 죽는 것을 보고 사람들은 검은 죽음 즉 흑사병이라고 불렀다.

그로부터 600여 년이 흐른 지금 또 그에 버금가는 재앙에 시달리고 있다. 치사율은 높지 않아도 의학이 발달했기 때문에 낮은 것일 뿐 이대로 확진자가 늘어난다면 귀추는 알 수 없다. 간과할 수 없는 이 상황에서 우리가 할 수 있는 일은 과연 무엇인지 되돌아본다.

의학적 수칙 준수는 물론 중요하다. 손을 깨끗이 씻고 외출은 최대한 줄이되 불가피할 때는 철저한 마스크 착용과 일정 거리 유지에 주의하면 위험은 줄일 수 있다. 아울러 이 모든 것 위에 우리는 결국 나약한 존재라는 경외심이 있다면 재앙도 주춤하지 않을까. 페스트가 발병할 그때보다 놀라운 발전을 해온 의학도 대단하지만 제아무리 과학도 무한의 우주 앞에서는 극히 일부에 지나지 않는다.

세상에는 보이지 않는 게 훨씬 많다. 그나마 보이는 것도 6분의 1밖에 밝혀내지 못했다. 나무가 단단하면 부러지고 군대가 강하면 멸망할 수 있다는 말도 있다. 과학으로도 역부족인 재앙은 수없이 많다.

코로나19가 아니어도 우리는 광대무변(廣大無邊) 우주 앞에 한없이 나약하다. 오죽해서 한 과학자는 스스로에게, 바닷가에서 예쁜 조약돌 하나 집어 들고 좋아하는 어린아이라고 했다. 그의 우주 법칙은 바닷가의 조약돌이고 자기는 그것을 찾아내고 좋아하는 어린이였다는 것이다.

그런 마음이라면 지금 상황도 대범하게 넘길 법하다. 더불어 그것을 보고 새겼던 우주와 자연에의 경외심도 영원했으면 좋겠다. 코로나19 외에도 어떤 재난이 닥칠지 모르는 삶에서 늘 그런 마음이라면 갑작스러운 재난에의 공포도 줄어들 것이다.

무슨 일이든 익숙해지면 아무것도 아닌 것처럼 어떤 경우든 나름 행복과 목표를 향해 나아갈 수 있어야겠다. 어수선한 시절에도 변함없이 꽃 피우는 한 그루 나무처럼.

장맛비 후일담

굉장한 폭우였다. 무서운 천둥번개 소리에 몇 번씩 깨어났다. 그렇게 잠을 설치다가 까무룩 잠이 들었는데 그새 먼동이 튼다. 말이 장마였을 뿐 지분거리기만 하더니 간만에 비 한 번 제대로 쏟아졌다. 시원스럽게 쏟아지면서 꿉꿉했던 기분이 말끔 씻겼다. 말만 장마철일 뿐 지분지분 뿌리는 통에 호랑이가 새끼를 쳐도 모르게 풀만 잔뜩 얼크러졌다.

그게 늘 짜증스러웠는데 담벼락과 기왓장 사이사이 묵은 먼지도 구석구석 모두 씻겨나갔다. 여름에 장마를 제대로 치러야 풍경이 산뜻해진다. 집 앞 공원의 소나무도 여름내 더위에 시들시들 맥을 추지 못하다가 모처럼 샤워를 한 것처럼 말끔한 모습이다. 천둥과 함께 요란했던 장대비 때문이다.

내친김에 개울에 나가보았다. 누런 황토물이 벌창을 해서 콸

콸 내려간다. 어디 먼 산골짜기서부터 흘러왔는지 성난 물결이 볼수록 장하다. 참으로 다행인 게 드문드문 솟아 있는 섬까지 잠겼다. 실로 6년 만의 폭우였다. 그동안 장마다운 장마도 한 번 없이 개울은 늘 바닥을 보였다. 맨 처음, 한 개 두 개 흙무더기가 생길 때는 개울에 웬 섬이냐고 신비스러웠지만 계속되는 장마에 풀만 무성한 흙무더기는 을씨년스러웠다. 개울가의 섬이라는 뉘앙스는 간 곳 없이 심란했던 풍경이 모두 잠겨버렸다. 물이 빠지면 다시 돋아날지언정 오물에 뒤덮여 있다가 말끔해질 테니 다행이다.

그러고 보면 장마도 필요했었다. 2년 3년을 주기로 개울이 찰랑찰랑할 정도의 폭우가 쏟아지면서 말끔해졌던 것인데 한동안 장마가 뜸했다. 오죽하면 처음 한두 개 환상적이었던 개울가의 섬이 갈수록 싫증까지 났을까. 몇 해 동안 개울이 찰랑찰랑하면서 잠기고 했으면 참 정겨웠을 텐데 모처럼 장마에 씻겨 내려갈 것이다.

우리 삶도 그런 식이었을 것이다. 운명이 삶의 강을 휘젓지 않으면 얼마나 무료해질지 모르겠다. 강타하는 시련의 회오리에 의지가 강해지고 인생관도 나름 탄탄해진다. 인생의 밭에 뿌리박으면서 흔들리지 않는 확고한 인생관을 다져나간다. 곡절이 없는 삶은 무료하지만 역경에 대처하면서 자기를 테스트하는 삶은 아름다운 하모니를 이룬다. 이곳에서는 물 흐름이

깊다고 하는 청미천이 뒤집어질 정도의 폭우라야 개울이 말끔해지듯 그렇게. 장마가 없을 때의 개울은 고여 있는 물처럼 썩어 들어가는 느낌이었으니까.

장마가 지면 번거롭기는 하다. 날씨는 눅눅하고 불쾌지수까지 높아진다. 습도가 높아서 빨래도 잘 마르지 않는다. 하지만 그 장마 속에도 잠깐잠깐 해가 비치는 나무말미(빨래말미)가 있는 것처럼 우리 삶의 회오리에도 잠깐잠깐 숨 돌릴 수 있는 여유가 있다. 이렇다 할 변화도 없이 무료한 날보다는 힘든 중에도 여유가 있고 띄엄띄엄 아취를 즐길 수 있으면 그게 훨씬 낫다. 여름이면 한 번씩 치르는 장마에도 남다른 섭리가 있다. 지금은 저렇게 흙탕물이지만 그럴수록 물고기가 많이 잡힌다. 참으로 묘한 일이지만 어려울수록 의지가 강해진다. 어부에게 풍랑과 파도는 시련이었으나 잘만 극복하면 항해의 목적이고 희망이었던 것처럼 그렇게.

저만치 두어 사람 낚시꾼이 보였다. 도담도담 정겨운 모습인데 문득 고기라도 걸린 듯 환호성이 들린다. 아, 그러고 보니 큰물이 진 다음에는 물고기가 많이 잡힌다고들 했지. 어릴 때 장마철이면 뜰이며 지붕에서 물고기가 퍼덕인다는 말을 들었는데 그래서였을까. 팔뚝만한 잉어에 거무스름한 향어가 난데없는 장마에 물이 불면서 무더기로 떠내려 왔을 테니까.

흙탕물이지만 그런 데서 물고기를 낚는다. 우리 사는 세상도 조금은 걸쭉하고 어둑한 곳이라야 재물을 모을 수 있다. 어릴 때 보면 가끔 항아리며 가정집 물건까지 떠내려 왔었다. 큰물을 만나 집이 잠기면서 떠내려가던 것인데 안타깝기는 하지만 누군가 건져낼 수도 있겠구나 싶다. 지금과는 달리 그때는 살림 도구 하나도 아쉬운 시절이었다. 물고기로서는 갑자기 재앙이었으나 낚시꾼에게는 횡재일 수 있었던 것처럼 그렇게.

장마를 치를 때마다 늘, 밤새 쏟아지는 서슬에 모두가 놀라거나 걱정은 수십 년 장마를 겪으면서 대피를 하느냐 마느냐하는 위험사태가 될 때도 있다. 많은 비로 하여금 밤새 노심초사할 때가 있다. 그러다 얼마 후에는 모두에게 이력이 나서 제대로 가늠할거라고 생각하니 모처럼 수수롭다.

4.

따개비밭 연정

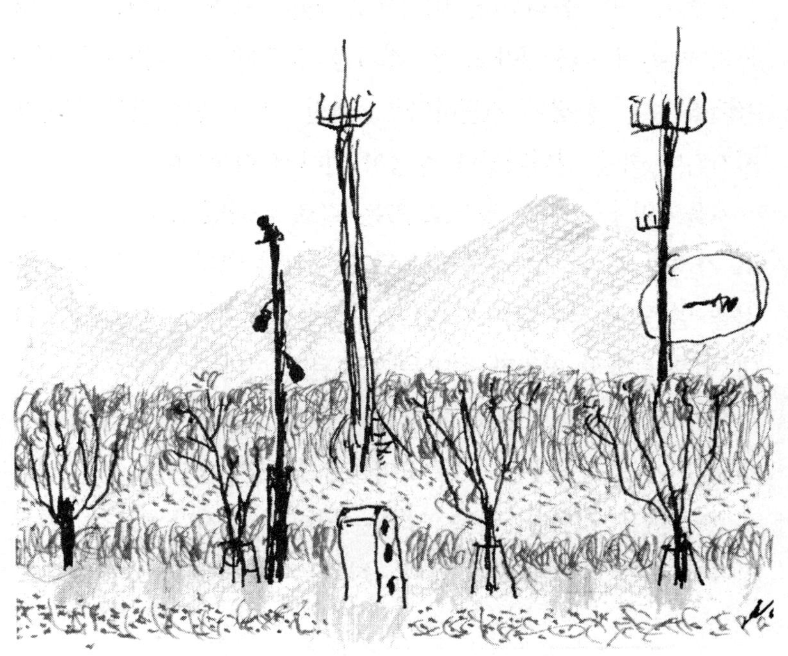

얼음골 사연

저수지 둑에 올라섰다. 바야흐로 섣달그믐께, 얼어붙은 은백색의 벌판이 설산에라도 온 것처럼 장관이다. 겨울이면 서너 차례씩 보는 풍경이 친근하다. 오래전 이 얼음을 밟고 얼음을 지치기나 하듯 건너다녔을 정경이 선하게 떠오른다.

겨울이면 저수지는 장터로 가는 길로 바뀌었다고 한다. 큰길로 가려면 고샅길 지나 윗마을로 넘어가야 했다. 그에 비해 한겨울 얼음판에서는 저수지 기슭의 소롯길을 따라 가게 되고 읍내로 가는 십리 거리가 절반은 단축된다 한다.

하지만 말 그대로 얼음길이다. 얼음은 보통 가장자리부터 얼기 때문에 초겨울에는 동네 꼬마들이 모여서 팽이를 치는 정도로 한산했을 것이다. 꽝꽝 얼지는 않아서 깨진다 해도 깊지는 않아서 별반 위험하지는 않다. 한패는 기슭에서 썰매를 타고 얼음지치기도 하면서 한겨울 저수지는 떠들썩했을 것인데.

동지가 지나고 섣달그믐께가 되면 그때부터 얼음이 두꺼워진다. 장날이면 소를 팔러 가는 아저씨가 기세 좋게 건너갔을 것이다. 우시장은 새벽부터 열릴 테니 먼동이 틀 즈음부터 이랴 이랴 소리가 건넛산 국망봉에 메아리쳤겠다. 한낮에는 두루마기 차려입은 촌로들이 네댓 명씩 술추렴하러 일찌감치 건너가고 이어 콩자루 이고 한 손으로는 코흘리개 손을 잡고 장에 가는 아낙도 있었을 것이다. 한 무리 장꾼이 떠나고 저수지 얼음판이 쨍쨍한 겨울 볕에 판유리처럼 반짝이면 멧새들이 몰려와 짹짹을 짹짹을 한나절은 시끄러웠을 텐데.

한동안 조용했던 얼음판이 북적이는 것은 겨울 해도 설핏해지는 해거름이었다. 아침에는 허둥지둥 서두르면서 건너던 장꾼도 느릿느릿 한담을 나누면서 돌아왔을 것이다. 약주를 걸쳤는지 갈짓자로 돌아오는 한패는 보나마나 초로의 노인들이었다. 꼬맹이 손을 잡은 채 콩자루 지고 가던 젊은 아낙은 작은 보퉁이를 들었다. 미역이니 김이니 겨우내 먹을 반찬과 집에서 동생들을 건사하고 있을 큰딸에게 줄 원피스 아니면 머리핀이 들었겠지.

큰딸 역시 장날이면 따라가고 싶어했겠지만 간신히 달랬을 거다. 젖을 뗀 지 얼마 되지 않는 막내를 데려갈 수는 없었고 짧은 겨울 해는 장을 다 보기도 전에 깜깜해졌다. 큰딸은 살림

밑천이라 했으니 미안한 마음에서 장에 갈 때마다 그렇게 선물을 챙겼을 것이다.

장날이 아닌 무싯날에도 나들이하는 사람들로 북적였다. 딴따라패가 장에서 신파극이라도 열면 마을 사람들 모두가 일제히 몰려갔다. 추석에는 별수 없이 오리는 뺑 돌아가겠지만 밤마실 가기 좋은 겨울에는 혼기를 앞둔 처자들에게 요긴한 길이었다. 숲속에서 눈바람이 불면 귀신이라도 본 듯 화들짝 놀라 고샅길을 향해 달려갔었다는 후일담도 정겹다.

머리가 하얗게 세어버린 동네 어르신들의 추억담이다. 이야기보따리를 풀 때마다 무한정 풀려나오던 것을 보면 소중한 기억이었으리. 자동차가 없었으니 저수지 얼음판이 큰 몫을 한 것이다. 지금이 살기는 편하지만 그때가 더 좋았다는 뉘앙스였다. 그때나 지금이나 장으로 나가는 시 오리 길은 다를 게 없고 겨울이면 똑같이 얼기도 하지만 누가 그 길을 건너 장을 보고 마실을 가겠는가.

가끔은 추운 겨울밤 만취한 동네 젊은이가 딸꾹질을 하면서 건너다가 쓰러져 변을 당할 수도 있겠지만 그런 이야기는 없는 걸 보니 북쪽으로 막혀 있어서 엄동에도 아늑했던 것이다. 겨울에도 따스하고 아늑한 동네 영산리. 겨울이라 춥지 않을 수는 없지만 어디선가 훈훈한 온기가 떠도는 것은 아닌가 싶을 때가 있다. 마을의 특산물인 복숭아나무도 얼어 죽는 일이 거의 없다. 추위에 약하기는 해도 특별한 지형 때문에 무사했겠지.

영산리 주민으로 지내온 것도 벌써 20여 년이다. 다르게는 공산정이라고도 부른다. 귀공자 공(公)자를 쓴 거라는데 마을을 둘러싼 풍경을 보면 그럴듯한 이름이다. 병풍같이 늘어선 산자락과 냇물은 물론 호랑이 담배 먹던 시절 이야기가 낯설지 않은 것도 그 때문이었을까. 어디서나 볼 수 있는 풍경인데, 귀공자 같은 사람이 있는 것처럼 귀공자 같은 마을이 있지 싶다.

특별히 마음을 끈 것은 지금 보는 저수지였다. 오래전 경지정리가 되고 수리조합이 생기면서 인근의 지주들이 내놓은 땅에 물을 댈 수 있는 저수지를 만든 것이다. 보상금은 받았겠지만 문전옥답을 내놓기가 쉽지는 않았을 것이다. 덕분에 하늘바라기 논도 가뭄을 모르는 논으로 바뀌었다. 물 걱정을 덜 수 있으면 절반은 성공한 농사일 테니 동네 사람들의 생계를 떠안은 젖줄이라 할 게다.

비가 오면 물을 잔뜩 담은 방죽이 넘칠 듯 찰랑인다. 볕 좋은 날은 반짝이는 빛의 축제가 열리고 저녁이면 노을이 풍덩 잠기기도 한다. 달 밝은 밤 우연히 지나가다 보면 고즈넉한 풍경이 고조에 달한다. 하늘을 보면 동두렷이 떠오른 달에 물속에도 똑같이 떠 있고 가을이면 풀벌레 소리까지 깡그리 담아낸다. 겨울이 되고 꽝꽝 얼어붙으면 그때부터 특별한 공간으로 바뀌곤 했으니 바닷가에서 태어난 나로서는 신비할 수밖에 없다. 바다는 아무리 추워도 얼지는 않으니 얼음판을 건너가면서 에피소드는 상상도 못한 일이었다.

앞으로는 마을이 더욱 좋아질 것 같다. 고향은 아니지만 겨울이면 펼쳐질 풍경도 무척 설렌다. 이렇게 예쁜 마을에서 나도 귀공자처럼 아름다운 삶이고 싶다. 귀공자라고 해서 잘생긴 것보다는 마을 주변의 아름다운 풍경처럼 나의 모든 것을 아름다운 것으로 채우고 싶다. 귀공자처럼 아름다운 마을에서 고귀한 생각과 인격을 바탕으로, 마을 이름에 걸맞은 사람으로 태어날 것을 다짐해본다. 삭풍조차도 아늑하게 느껴지는 저수지 갓길에서.

죽서루의 봄

죽서루에도 봄이 왔다. 누각으로 가는 초입에는 벚꽃이 활짝 피고 오솔길 지나 언덕에는 진달래가 붉은 향기를 내뿜는다. 푸른 하늘은 씻은 듯 푸르고 오십천 맑은 물은 봄볕에 반짝인다. 새들은 다투어서 하늘로 오르고 이름 모를 들꽃도 봄에 취한 듯 한들거린다.

학교 다닐 때는 수없이 왔던 곳으로서 새삼 교복 입고 친구들과 왔었던 생각과 한참이나 선배분들은 이곳 죽서루 보수하면서 돌도 나르고 했다는 옛이야기도 생각난다.

내 고향 삼척에는 명승지가 많다. 풍광도 좋지만 특별히 죽서루가 유명하다. 고려 충렬왕(1275년) 때 「제왕운기」를 쓴 이승휴가 지은 건축물이다. 750년 전인데도 허물어짐 하나 없이 말짱하다. 그동안 수차례 보수 중수를 하는 바람에 원형이 많이 손상되기도 했으나 송강 정철의 관동별곡에 등장하는 명소로 많이 알려졌다.

죽서루는 오십천이 휘감아 돌아가는 절벽 벼랑 위에 있다. 아름다운 풍광 때문인지 삼척에서 벼슬을 산 관리들은 하나 같이 풍경보다 아름다운 시를 남겼다. 1875년(고종12) 삼척 부사로 부임했던 심영경(沈英慶)이 죽서루의 경치를 찬양한 시는 물론, 1662년(현종3) 도호부사였던 미수 허목의 시도 남아 있다.

허목은 죽서루기(竹西樓記)에서 "조선의 동쪽 경계에는 경치가 좋은 곳이 많지만 그중에서도 여덟 곳은 가장 뛰어나다."라고 찬양한 글들이 많다. 앞서 말한 것처럼 누각 곳곳에 어제시와 1662년(현종3) 허목(許穆)이 쓴 죽서루기를 비롯하여 13점의 편액과 현액이 걸려 있다. '관동제일루'라는 현판은 숙종 때의 부사 이성조(李聖肇)가 게시했다고 한다.

죽서루는 건립 당시 동쪽에 죽장사(竹藏寺)라는 절이 있었고 그 서쪽에 지은 누대라 해서 붙은 이름이다. 인근 산들의 기암괴석과 수많은 낙락장송을 보면 참 경관이 빼어난 곳에 잘도 자리를 잡아 지었구나 싶다. 특히 누차 보수를 하기는 했어도 여전히 아름다운 누각으로 남아 있다.

죽서루의 상징이라면 용문바위가 있다. 신라 제30대 문무왕이 사후 호국용이 되어 동해바다를 지키다가 어느 날 삼척의 오십천으로 뛰어들 때 죽서루 옆 바위를 뚫고 지나갔는데 그것이 용문바위이다. 그 후, 용문바위는 아름다움과 장수, 다복의 기원처가 되어 많은 사람들이 찾아와 용문을 드나들며 소원을 빌었다.

그 외에 용굴 촛대바위 전설도 있다. 작은 고깃배가 드나들 수 있고 구렁이가 용으로 승천한 장소라는 전설을 갖고 있는 초곡용굴은 해금강이라는 애칭을 가지고 있으며 그 부근 일대가 갖가지 아름다운 바위들이 즐비하게 자리 잡고 있다. 특별히 초곡용굴 촛대바위는 깨끗한 바다와 멋진 경관을 자랑한다.

먼 옛날 바닷가 어느 마을에 가난한 어부가 살았다. 하루는 죽은 구렁이가 바다 한가운데 둥둥 떠 있는 꿈을 꾸었다. 이어서 백발노인이 나타나 하는 말이, 죽은 구렁이를 가져가 제사를 지내면 좋은 일이 있을 거란다. 이튿날 아침 배를 타고 나가 보니 정말 죽은 구렁이가 바다 한가운데 떠 있는 게 아닌가? 어부는 당황했지만 범상한 꿈이 아니라는 생각에 지금의 초곡용굴에 끌고 왔다. 그리고 정성껏 제사를 지내 주었다. 그러자 갑자기 죽었던 구렁이가 굴속으로 들어가더니 용이 되어 승천했다는 것이다.

다음부터 어부에게는 경사스러운 일이 연달아 생겼다. 바다에 나가기만 하면 고기를 많이 잡게 되어 얼마 후 부자가 되어 행복하게 살았다는 전설이다. 초곡리의 이 동굴을 '용굴'이라고 부르며, 그 동굴 속으로 작은 고깃배가 들어갈 수 있다. 그 부근 일대가 촛대바위를 비롯한 갖가지 아름다운 바위들이 즐비하게 자리 잡고 있으므로 해금강이라고도 한다.

내 고향 삼척이 아니어도 바닷가라면 있을법한 전설이다. 고기를 많이 잡는 게 소망인 만큼 여기서도 풍어에 대한 전설이 빠질 수 없었나 보다. 살면서 내막은 잘 모르고 있었다. 그마저도 결혼해서 떠나고 보니 까마득히 잊고 있었던 향수가 떠오른다. 오랜만에 고향을 찾아와 보니 감회가 남달랐던 것일까. 죽서루의 봄 햇살이 오늘따라 정겹다. 어릴 때는 소풍도 자주 오던 곳이다. 그때는 무심히 지나쳤던 푸른 하늘과 바다가 오늘따라 특별한 풍경으로 다가온다.

뿌리 깊은 나무

담장에 엄나무 한 그루가 있다.

엄나무는 두릅나무과에 속하는 낙엽 활엽교목이다. 이른 봄에 뾰조록 돋아나는 새순이 무척 탐스럽다. 적당히 자랐을 때 꺾어 무치면 쌉싸름한 맛이 아무리 먹어도 물리지 않는다. 한여름 삼계탕을 끓일 때도 줄기를 잘라서 넣는다. 비린내도 나지 않고….

텃밭을 가꾸다가 볕이 뜨거우면 그늘에 잠시 들어가서 더위를 피한다. 여러모로 요긴한 나무지만 날카로운 가시 때문에 골치였다. 나물은 참 맛있는데 순을 칠 때마다 찔리는 게 일이다. 하필 대문간에 있어서 출입할 때마다 가지에 걸리는 등 여간 불편한 게 아니었다. 그것을 캐어내고 닭장 옆의 목백일홍 나무를 심기로 했다.

이래저래 핑계 삼아 엄나무를 베어내기로 작정한 날 작업을 시작하니 여간 힘든 게 아니었다. 우선 줄기가 굵어서 애를 많이 먹었다. 토막을 내어 자르고 뿌리를 캐려고 하니 엄두가 나지 않았다. 할 수 없이 삽으로 나무 밑 주위부터 서서히 파들어 가는데도 서리서리 얽힌 뿌리 때문에 쉽지가 않다. 나무가 크기도 했으나 뿌리는 어마어마했다.

포클레인 같은 중장비를 쓰지 않으면 될 성 부른 게 아니었다. 결국에는 작업을 포기하고 다음 기회로 미루다 보니 1~2년이 지나갔다. 토막 친 엄나무를 다듬어서 모든 수육자료로서 활용하게 되었다. 워낙 많아서 이웃에게도 나누어 주었다. 이후로도 틈만 나면 어떻게든 캐보려고 했으나 완강한 뿌리의 힘을 생각하면 불가능한 일이었다.

하기야 저렇게 뿌리가 버티고 있으니 해마다 태풍에도 무사했던 것이다. 나무라고 하면 아름다운 꽃과 열매와 녹음이 포인트지만 그 모든 게 뿌리 덕분인 것을 생각하기는 쉽지 않다. 뿌리가 깊다 보니 봄에는 새싹이 탐스럽고 여름에는 그늘이 시원하다. 게다가 가을에는 탐스러운 열매까지 어느 것 하나 뿌리의 역할이 아닌 게 없다.

냉장고에 둔 시금치가 절반은 시들었다. 며칠 전 박스째 들여온 것을 먹는 중인데 다듬어서둔 게 탈이 생겼다. 성한 것만 골라내고 나머지는 버렸으나 뿌리째 둔 것은 싱싱했다. 보름이

지났어도 떡잎만 시들었을 뿐 여전히 괜찮다. 뿌리의 저력을 보는 것 같다.

엄나무 캐는 것을 포기할 때도 한아름 되는 나무보다 뿌리가 더 굉장한 것을 보고 놀라지 않았던가. 밖으로 드러난 나무의 크기만큼 뿌리가 자라는 것을 몰랐다. 아름다운 꽃과 탐스러운 열매를 가꾸는 만큼 땅속에서도 그만치 튼실한 뿌리를 넓히고 있었던 거다.

뿌리는 겉으로 드러나지 않는다. 흙을 뒤집어쓰고 있기 때문에 볼품이 없다. 뿌리가 없으면 아름다운 꽃과 푸른 잎도 말짱 꽝이다. 뿌리 덕분에 꽃은 예쁘고 초록도 무성해진다. 아무것도 모르는 듯 턱없이 뽐내는 꽃과 열매 앞에서도 내가 했다고 나서지는 않는다. 오히려 더 고운 꽃과 열매가 달릴 걸 생각하며 몸을 사린다. 중요한 일은 혼자 하면서도 침묵을 지켰으니 그게 아니면 땅속으로 뻗지도 않았다. 보이지 않는 데서도 보이는 이상의 역할을 한다. 결국 그보다 힘든 건 없다는 말인데 칭찬은커녕 흉이나 잡히지 않으면 다행이다.

모든 살아 숨 쉬는 것에 축하와 박수를 보내는 것에 또한 행복의 미소로서 모든 인간사에서도 뿌리가 튼실할 때 살아남는 자의 행복의 수단이 되지 않을까. 생명과 식물과 나무에서의 결과물은 늘, 뿌리에 내포되어 있는 강인함에서 성장과 강직함이 우러나는 것에 깊이 박혀 있는 나무에서 나를 반성하여 보는 계기가 되었다.

알아주지 않고 생색나지 않는다고 비관할 수도 있으나 그게 뿌리의 원초적 역할이다. 뿌리가, 꽃을 피우고 열매를 달게 하는 것을 드러내고 싶은 나머지 흙을 비집고 나오면 어찌 될까. 뿌리는 모름지기 흙 속에서만 살 수 있는 것이다. 모든 열매를 달게 하고 꽃을 피우면서도 흙 속에 묻혀 있는 게 아쉽기는 하지만 뿌리 깊은 나무는 꽃 좋고 열매 좋고 무엇보다 바람을 타지 않는다.

따비밭 연정

연일 푹푹 찌는 날씨다. 그늘에 앉아 쉬고 있노라니 가까운 따비밭에서 연로해 보이는 부부가 김을 매고 있다. 때는 바야흐로 불붙는 것처럼 뜨거운 8월이다. 나무 그늘에 있어도 무더운 중복 꼬팽이다. 볕은 점점 뜨거워지고 얼마 후 힘이 드는지 할머니가 비척비척하신다. 그럴 때마다 할아버지는 걱정이 되는 듯 마나님 머리를 어루만지곤 했다. 김을 매고 풀을 뽑는 짬짬이 살피고 돌보는 모습이 한여름 폭양 밑에서 참 아름다운 풍경으로 비쳤다. 머리핀이라도 새로 꽂아 주는 듯 너무 애잔하고 아름다운 서곡의 그 아취에 한참을 바라보고 있었다.

밭이라야 말 그대로 손바닥만 하다. 건강한 사람에게는 반나절 갈이도 되지 않을 것 같은 골목 밭이다. 그나마도 연로한 두 노인에게는 벅찬 공간이지만 소래길 옆에는 핑크빛 또는 붉은 꽃이 예쁘다. 말은 따비밭이어도 가난한 노인 부부의 삶과 적당히 어울려 아기자기 곱다. 따비밭 인생과 따비밭 연정을 보는 느낌이라고나 할지. 그들 부부 역시 큼직한 땅보다는 여기저기 밭을 일구면서 살아온 따비밭 인생이었을 테니.

모르기는 해도 내가 보는 따비밭 외에 더 있을 것이다. 여기는 길섶이지만 저기 시냇가 어디쯤에도 일구었을 테지. 장마가 졌다 하면 죄다 휩쓸리는 자리였건만 그 밭에서도 강낭콩을 따고 감자를 캤다. 밥에 둬서 먹기도 하고 자식들이라도 오면 한 솥 두 솥 쪄서 팍신팍신 분나는 감자가 얼마나 맛있었을까.

땅마지기나 가진 사람들이 보면 소꿉장난일 테지만 그런 속에서도 깨알 같은 부부의 정이 샘솟듯 했을 테니 상상만으로도 흐벅진 정경이다. 누군들 가난한 살림을 타박할 수 있으랴 싶을 정도로 그렇게.

따비밭을 일궈온 과정도 그들 부부의 인생처럼 지난 듯했다. 풀은 호랑이가 새끼를 칠만하고 바닥은 울퉁불퉁한 돌자갈로 덮였다. 시시콜콜 뽑아내고 골라내느라 몇 날 며칠이 걸렸겠지. 요즈음 같은 세상에 장비 하나 들이대면 한 시간도 전에 끝날 일이언만 그들 부부는 오로지 갈퀴 같은 손으로 일구었다. 보다 못한 자식들이 장비를 들일 법도 하지만 두 분 양주의 성격을 너무도 잘 아는 그들은 짐짓 모른 체 덮어 두었을 것이다. 그보다는 이따금 함께 풀을 뽑고 돌을 골라내면서 못다 한 효도를 대신했을 것도 같다.

그들 역시 따비밭 인생이라면 어떨까. 가난한 살림을 탓하기보다는 그렇게 살면서 살아가는 부부의 정이 오순도순 잡힐 듯하다. 수십 마지기 땅을 갖고 있어도 이들처럼 아기자기한 부부의 정을 모르고 사는 커플도 물론 있다. 가난과 행복은 어울리지 않을 것 같지만 서로의 정이 각별할 때는 충분히 가능하다. 가난해서 모든 게 풍족하지 않고 가난해서 더러는 짜증이 날지언정 함께 살 동안의 끈끈한 정리는 누구도 어찌할 수 없는 거였다.

옛날에 그런 얘기도 있다. 어느 산골에 오순도순 사는 노부부가 있었다. 가난하지만 재미있게 사는 것이 하도 예뻐서 산신령이 축복을 내려 주었다. 어느 날 나무하러 갔다가 산삼 몇 뿌리를 캔 것이다. 그것을 팔아서 한동안 잘 살았건만 언제부턴가 할아버지가 투전판을 기웃대면서 집안을 등한시하게 되었다.

가난했어도 부부가 서로 위하면서 살던 행복이 사라진 것이다. 돈이 생기자마자 딴청을 부리는 할아버지 때문에 할머니는 눈물로 세월을 보냈다. 보다 못한 산신령은 남아 있는 산삼을 모두 빼앗아버렸다. 놀란 할아버지가 영문을 물었다. 산삼만 믿고 허송세월하는 게 못마땅했을 것인데 그 할아버지 끝내 정신을 차리지 못했다.

가난하지만 따비밭에서 행복을 심어 가꾸는 이웃 마을의 부부가 훨씬 행복해 보인다. 이들 역시 산삼을 캐는 것 같은 로또 행복이 찾아올 수도 있지만 저렇게 사는 모습도 괜찮으려니. 벼락치기 행운도 조심스럽게 누리면 탈은 없을 것이나 말처럼 쉽지 않은 걸 보면 가난한 속에서의 행복도 나쁘지만은 않은 성싶다. 그 집은 비록 현재 일궈 먹는 따비밭처럼 옹색하고 허름해도 거기 골짜기 바람은 더없이 시원하고 밤하늘의 별 또한 유달리 반짝일 테니.

집에 돌아와서도 한동안 그 부부가 떠올랐다. 구부러진 등과 검버섯 앉은 얼굴을 보면 앞으로 저렇게 몇 년을 살지 모르겠다. 하지만 나는 안다. 그 할아버지 지금도 할머니에게 헌신적인 것을 보면 남은 생도 행복하리라는 것을. 그 살아온 평생을 알 수는 없으나 혹 자갈밭에 잡초투성이어도 어깨를 맞대면서 고르고 뽑아내는 동안의 행복만큼은 누구도 범접할 수 없는 그들만의 것이었다. 일가친척은 물론 아는 사람도 아니지만 그 행복이 오래오래 지속되기를 기원해 본다.

뻐꾸기

뻐꾸기가 운다. 먼동이 틀 때가 되면 으레 나와서 아침을 시작하는 녀석들이다. 밤새 무더위에 힘들었어도 창가에서 들려오는 노랫소리가 들을수록 경쾌하다. 봄도 아니고 가을도 아니고 짜증스러운 여름에 산새들 합창을 들을 수 있는 것도 자연의 축복이었을까.

뻐꾸기처럼 친근한 새도 드물다. 참새와 꿩도 있고 까마귀 등 헤아릴 수 없이 많으나 독일에서 만든 뻐꾹시계를 보면 동서양을 막론하고 널리 알려진 새다. 소쩍새처럼 밤에 우는 새도 있는데 유일하게 먼동이 틀 즈음 울어대는 것을 보고 만들었을 것이다.

어느 날은 '박국 박국' 하는 소리처럼도 들린다. 나무꾼과 선녀 이야기에 나온다. 두레박을 타고 하늘로 올라간 나무꾼은 처자와 만나게 되었다. 며칠 동안 잘 지내던 중 이번에는 두고 온 어머니가 생각났다. 옆에서 시중을 들지 않으면 뜰에도 나갈 수 없는데 혼자 어떻게 지내고 있는지 걱정스러웠다.

보다 못한 선녀는 천마를 내주면서 어머니를 모셔 오라고 했다. 노모는 반가운 마음에 아들이 좋아하는 박죽을 끓여주었다. 천마는 땅에 내리면 다시 오를 수가 없기 때문에 말잔등에서 죽을 먹어야 했다. 하지만 박죽은 너무 뜨거웠다. 당황한 아들은 서두르다 말잔등에 죽을 엎지르고 말았다. 천마는 놀라 하늘로 날아 가 버렸다. 결국 나무꾼은 죽어 새가 되어 박죽 때문에 선녀를 다시 만나지 못한 것을 원망하며 '박국 박국' 울었다고 한다.

또 다른 이야기로는 풀국새가 있다. 계모가 전처소생 딸에게 일만 시키며 밥을 주지 않았다. 학대를 받으며 굶주리던 딸은 이불 홑청에 들일 풀을 보고 배가 고파 정신없이 퍼먹다가 죽고 말았다. 딸의 원통한 넋은 새가 되어 '풀국 풀국' 하며 울었다.

일본에는 '뻐꾸기가 운다(閑古鳥が鳴)'라는 표현이 있다. 뻐꾸기 소리가 들릴 만치 적막하다는 뜻이다. 장사가 잘되지 않을 때 쓰는 '파리 날린다'라는 우리말과 같다. 그래서인지 일본에서는 '뻐꾸기시계'를 '비둘기시계(鳩時計)'라고 한다.

북한의 속어 중에 '가을 뻐꾸기 같은 소리'는 말도 안 되는 헛소리라는 뜻이다. 뻐꾸기는 여름새라서 가을에는 남쪽으로 이동한다. 가을에는 뻐꾸기가 울 리 없으니 괜한 소리라는 뜻이다.

뻐꾸기가 울 때는 무더위가 극성을 부린다. 보리가 익어가고 옥수수가 길같이 자랄 때다. 고향의 여름은 옥수수와 함께 시작되었다 해도 과언이 아니다. 강원도 하면 또 옥수수 아니었던가. 집에서 농사는 짓지 않았어도 어딜 가나 옥수수가 지천이었다. 쪄먹다가 물리면 밥에 둬서 먹는다. 결혼을 하고 보니 시댁에서는 서리태 같은 콩을 한 줌씩 넣어 먹는데 우리는 옥수수가 절반은 섞인 옥수수밥을 먹었던 것이다.

누구나 알다시피 강원도는 쌀이 귀했다. 우리 집이 가난하게 살지는 않았으나 워낙 감자가 흔했다. 자연히 쌀보다는 감자 요리를 자주 먹게 되고 그러다 보니 강원도에서는 귀한 쌀밥 타령을 일삼았던 것이다.

나중에는 녹말을 내서 말리는 상황까지 간다. 옥수수철이 지나가면 그렇게 만든 옥수수 전분으로 올챙이국수를 만들었다. 전분으로 죽을 쑤어 바가지 구멍을 통해 찬물이 담긴 자배기에 밀어 내리면 똑똑 떨어져서 묵이 된다. 바로 그 엉겨 붙는 모습이 올챙이와 비슷하다고 해서 붙여진 이름이다. 매끄러운 식감과 구수한 맛이 강원도 여름철 별미로 널리 알려져 있다.

뻐꾸기가 울 즈음의 음식은 약속이나 한 듯 가난하다. 지금은 옥수수가 별식이지만 강원도는 쌀이 귀했다. 옥수수죽을 쑤어먹기도 했던 것을 보면 흉년이 들 때마다 그만치 요긴한 먹거리였다. 나무꾼이 말잔등에서 먹은 박죽도 기름이 잘잘 흐르는 영양식은 아니었다. 지금이야 박의 흰 살을 잘게 썰어 돼지고기 또는 닭고기를 넣고 쑤지만 옛날에는 그저 멥쌀을 넣고 끓이는 죽이었기 때문이다.

지금도 나는 가끔 박죽을 쑤어먹는다. 옥수수 전분으로 올챙이국수도 가끔 해 먹는다. 어릴 때 맛은 아니어도 생각만 하면 금빛을 싣고 오던 아침 바다 갈매기가 스쳐간다. 저녁이면 또 노래를 가득 싣고 오는 고기잡이배가 떠오르곤 했다. 그에 묻어오는 뻐꾸기 소리는 더더욱 향수적이었으니 추억만으로도 행복한 날들이다.

단풍나무의 서정

누군지 단풍우산을 만들었다. 1m가량의 기둥을 양쪽으로 올린 뒤 커다란 원형 모양으로 가지를 쳐 나갔다. 파라솔을 펼친 듯 혹은 볕이 쨍쨍한 녹음 속에서 햇빛 가리개 역할이다. 그늘 속으로 들어가면 딴 세상인 듯 고요했다.

찻집 다원에서 본 단풍나무는 그렇게 특별했다. 분재처럼 키운 것이었으나 뿌리도 없이 맷방석만한 나무 그늘만 보였다. 저만치 하늘을 일구자면 땅속의 뿌리는 서리서리 얽혔을 것이나 일단은 그늘이 돋보인다.

소나무라면 그렇게 많이들 가꾼다. 솔 심어서 정자라고 했으니 그럴 수밖에 없다. 하지만 단풍나무는 단풍을 완상할 뿐, 그늘이 목적은 아니었다. 하기야 요즈음에는 기후가 바뀌다 보니 단풍철에도 여름처럼 덥다. 지금도 솔직히 구월 말인데 여전히 무더운 것을 보면 그늘을 계산한 것일 수도 있다.

청풍계(淸風溪)라는 그림이 생각났다. 겸재 정선의 그림인데, 원래는 푸른 단풍나무가 많은 계곡이라는 의미의 '청풍계(靑楓溪)'라고 불리다가 김상용이 이곳에 집터를 물려받으면서 맑은 바람이 부는 계곡이라는 의미인 '청풍계(淸風溪)'로 바뀌었다.

겸재 정선은 1676년에 태어난 조선의 화가, 문신으로 20세에 김창집(金昌集)의 천거로 도화서의 화원이 되어 현감(縣監)에 이르렀다. 처음에는 중국 남화(南畵)에서 출발했으나 30세를 전후하여 한국 산수화의 독자적인 특징을 살린 산수사생(山水寫生)의 진경(眞景)으로 전환하여 동방 진경산수화의 종화(宗畵)가 되었다.

여행을 즐겨 금강산 등의 전국 명승을 찾아다니면서 그림을 그렸는데 면과 질감을 나타낸 새로운 경지를 개척했으나 후계자가 없어 그의 화풍은 일대에 그쳤다. 문재(文才)가 없었던 탓으로 다만 서명과 한두 개의 낙관(落款)만이 화폭 구석에 있을 뿐, 화제(畵題)가 없는 것이 이채롭다. '박연폭포'와 특별히 '인왕제색도'가 유명하다.

특별히 청풍계에 보이는 고택은 김상용이 살았다고 한다. 삼학사의 한 사람이었던 청음 김상헌의 맏형으로 정선이 그 배경을 택해서 그림을 그린 것은 고택의 주인이었던 김상용의 후손인 김창집 등 안동김씨의 후원을 받아서 화가로 출세할 수가 있었기 때문이다.

단풍나무는 가을에 잎이 모두 떨어지는 낙엽수이며 아울러 잎이 넓적한 활엽수이다. 보통 청단 홍단이라고 하는데 청단은 가을이 되고 찬바람이 나야 비로소 물드는 단풍이고 홍단은 나무와 잎이 만나는 봄부터 붉은 단풍이다.

각설하고 일세를 풍미했던 조선말의 화가가 푸른 단풍나무를 그린 것이다. 단풍 하면 보통 가을의 만산홍엽을 그리게 마련인데 나무와 잎이 처음 만날 때의 초록이 묻어나는 단풍도 괜찮았기 때문에 소재가 되었을 것이다. 하기야 단풍이라 해도 초록이 좋았으니까 가을에 물들 때도 장관을 이루었겠지.

단풍나무는 이름 그대로 단풍이 특별하다. 전 세계적으로 160여 개 품종이 있으며, 국내에서만도 20여 개 품종이 자생한다. 햇빛과 물을 좋아해 주로 계곡 주변에서 잘 자란다. 소바닥 모양으로 잎이 갈라지고 잎의 수가 3~14장으로 매우 다양하다.

암수딴그루이면서 수꽃과 암꽃이 한 나무에서 피기도 한다. 자가수정을 가급적 피하기 위해 암꽃과 수꽃은 시차를 두고 개화한다. 흡사 부메랑을 닮은 씨방이 빙글빙글 돌면서 바람을 타면 100m까지도 날아가는데, 그것을 보고 헬리콥터의 프로펠러를 만들었다고 한다.

단풍은 가을에 일조량이 많고 일교차가 크게 벌어지면 그때부터 물이 든다. 유럽지역에서 단풍 구경이 어려운 것은 날씨가 맞지 않기 때문이다. 재질이 단단하지만 줄기마다 길게 자라지 않아 목재로써의 가치는 떨어지기 때문에 관상용으로 심는다. 특이하게도 병충해에 강하지만 곰팡이가 침투해서 오래 묵으면 멋진 무늬가 생기는데, 인위적으로 배양한 곰팡이를 주입 시켜 기발하고 멋진 무늬를 만들어 내서 고급 가구재로 만든다.

이맘때면 단풍나무의 서정이 그리움으로 다가온다. 특별히 정선의 청풍계에서 초록 단풍이 가을이면 아름답게 물들어갈 모습이 설렌다. 단풍이라 해도 초록이 좋아야 깔이 날 테니 얼마나 찬란할지 상상이 간다.

눈 감으면 청풍계의 시원한 바람이 서울 어디 산골짝에서 불어올 것도 같다. 제아무리 시원한 에어컨도 피톤치드가 가득히 담긴 청량한 바람을 낼 수는 없겠지. 청풍계로서 특별히 봄에 갓 푸르러지는 단풍나무 바람 한 자락 끊어 감아둘 수 있다면 무더위쯤은 문제 될 수 있으리라고 생각해 본다.

아침을 열다

요즈음은 해가 일찍 뜨고 늦게 어두워진다. 부웅해서 일어나면 다섯 시도 채 안 될 때가 많다. 해는 뜨지 않은 채 동녘이 훤해졌을 뿐인데도 창호지에 비치는 미명이 살짝 느껴진다. 겨울에는 해가 늦게 뜨기 때문에 동쪽 하늘이 밝아올 즈음의 먼동을 볼 수가 없다. 반면 해는 아직 떠오르지 않았어도 부웅해지면서 퍼지는 6월의 먼동은 하얀 백지에 스케치라도 하고 싶을 정도로 아름답다. 아침이 주는 특유의 풍경에 반했다고나 할지.

멀리 바라보는 것을 좋아했던 만큼 먼발치에서 보는 먼동이 트는 모습은 산허리에서부터 연기처럼 자오록 퍼진다. 나도 모르게 마음이 평화로워진다. 당연히 눈뜨자마자 창문을 열어놓는 게 일이다. 현관을 밀치고 나오면 먼저 산에서 먼동이 트는 것을 확인하고 가끔은 안개가 자욱한 산언덕을 보면서도 먼동이 트는 것을 확인한다.

그리고 한없이 기다린다. 먼동이 트는 동쪽 하늘을 보면서 멀리 계신 부모님께 문안드리곤 한다. 내 고향 역시도 먼동이 뜨는 동쪽 바닷가였으니까. 아침노을이 뜨는 하늘에서 부모님을 만나고 먼 바다도 보고 파도 소리를 듣는다. 하루가 시작되는 그 아침은 수많은 날들의 출발점이었기 때문에.

아침이 얼마나 중요한 것은, 하루 낭패가 식전에 취한 술이라는 것만 봐도 알 수 있다. 저녁에 취하는 것은 몰라도 식전부터 취했으니 그 하루는 엉망이 될 것을 경계했을 것이다. 그 말은 또 아침에 늦게 일어나는 습관에의 경고가 된다. 가령 나처럼 먼동이 트는 것을 보게 되면 남보다 3시간은 벌고 들어간다. 똑같은 하루였지만 아침을 어떻게 시작하느냐에 따라서 하루가 길어지는 것은 물론 짧아지기도 한다.

아침잠이 없다. 나이 탓도 있지만 어릴 적부터 그랬다. 아침잠이 많은 사람은 나이가 들어서도 여전히 아침잠이 많다. 흉이 아니라 체질적으로 그렇다는 말이다. 일찍 일어나고 싶어도 마음대로 되지 않았을 테니, 나로서는 아침잠이 없는 게 축복이다. 오늘도 예의 새벽부터 하루를 시작했으니까.

4시면 벌써 동창이 밝는다. 5월 중순부터 한 달째 그랬다. 문득 까치가 우짖는다. 누구나 알다시피 길조라고 알려진 새다.

까마귀도 흉한 울음소리에 비해 눈먼 부모를 봉양하는 반포조라고는 하지만 귀한 손님은 아침에 온다. 자연히 까치에게 더 끌리는 것도 숨길 수 없는 사실이다. 일년지계는 봄에 있고 일일지계는 아침에 있다. 일찍 일어나는 새가 좋은 먹이를 얻는다. 늦잠이 가난의 원흉이라면 아침 일찍 일어나는 것은 부자가 될 징조 아닐까. 딱히 돈 문제가 아니라 일찍 일어났을 때의 여유로운 마음을 뜻하는 것이다.

오죽해서 아침에 심은 곡식은 먹어도 저녁에 심은 곡식은 못 먹는다. 밤에 깨어 있으면 백 냥이지만 아침에 일찍 일어나면 천 냥이란다. 일찍 자고 일찍 일어나면 병을 모른다. 지금은 가족 모임도 저녁이지만 나 어릴 적에는 생일상도 아침에 차렸다. 아버지 생신날이면 식전부터 일가친척집을 다니면서 얼른 오셔서 식사하시라고 동네를 한 바퀴 돌았다.

이따금 모임을 가도 저녁에 만나는 추세였으나 십중팔구는 과식을 할테니 건강에도 좋을 리 없다. 아침은 배불리 먹을지언정 저녁은 가난하게 먹는 게 건강의 비결인 것을 보면 생신상을 특별히 아침에 장만하는 것은 제법 합리적이다. 원숭이가 도토리를 가지고 항의했던 조삼모사 역시도 저녁에 넷보다는 아침에 네 개를 원하는 심리가 여실히 드러나 있다. 결과적으로 개수는 똑같아서 달라질 것은 없다는 속임수를 나타내는 말이지만 그래도 아침에 더 풍족한 것을 원하는 모습이 특이하다. 사람이나 동물이나 다를 게 없다.

저녁에 대한 이미지를 폄하하는 것은 물론 아니다. 아침이 꿈과 소망에 가득 차 있는 시작이라면 저녁은 오늘 하루를 돌아보고 기도하면서 마무리한다. 경건한 마음으로 오늘을 돌아보고 잘못된 점을 짚어가면서 새롭고 알찬 내일의 기반으로 삼는 것이다. 오늘 하루 있었던 모든 일에 감사하는 사람에게는 내일이 있을 것이다. 오늘이 조금 힘들었을지언정 잠들기 전에 모든 분노와 증오심 내지 짜증스러운 것 모두를 지워버리지 않으면 상쾌한 내일이 될 수가 없다. 저녁은 꿈을 꾸기 위해서 존재하는 시간이고 아침은 그 꿈을 현실로 이루어주기 위한 시간이다. 아침이 행동의 무대가 된다면 밤은 사색의 장이었기 때문에.

계절에 따른 아침과 저녁 시간의 차이를 돌아보지 않을 수 없다. 밤낮이 별반 차이가 나지 않는 봄가을이 있는가 하면 차이가 많이 나는 여름, 겨울이 있다. 계절적으로 밤낮은 일년내내 변함이 없지만 인생의 밤낮은 조율이 가능하다. 가령 70에 접어든 지금 내 나이는 밤이 더 긴 시점이다. 누구를 막론하고 한때는 저녁 늦게까지 일을 했으나 이제는 쉬엄쉬엄 소일거리가 더 많을 나이다. 따라서 일하는 아침보다 휴식을 취하는 저녁 시간이 많다.

뒤처지는 것 같은 기분이 들지언정 그만치 사색의 시간을 늘

린다 생각하면 되지 않을까. '노년은 피어나는 꽃, 몸은 이지러지고 있지만, 마음은 차오르고 있다'는 빅토르위고의 명언이 가슴을 친다. 늘, 지금을 탕진하는 것들은 황홀한 향기를 내뿜는다. 태양이 저물 때도 황홀한 이유다. 꽃 중의 꽃이라는 모란과 장미가 봄의 황혼을 향기롭게 하는 이유다. 밤에 꿈꾸었던 소망을 아침에 이루는 감동이 그런 거라면 내 인생도 충분히 아름답다.

아침에 대한 온갖 좋은 말처럼 아침을 맞이하는 시작은 크고 거창했는데 마무리가 따르지 않을 경우 모든 게 수포로 돌아갈 수 있다. 절망을 희망으로 이어주는 최선의 가교는 밤에 이루어진다. 아침에는 오늘 하루 열심히 살 것을 궁리하고 밤에는 또 하루를 돌아보면서 보다 나은 내일을 꿈꾸는 거다. 끝내는 오늘이 모여서 한 달이 되고 그 한 달이 일 년이 되면서 각자 인생이라는 첨탑을 쌓게 될 것이다. 냇물이 강이 되고 강물이 바다로 흘러드는 것처럼.

하고 많은 날들 중에서

언덕의 소나무 한 그루가 장하다. 한 점 씨앗에서 저렇게 되기까지 세월이 얼마였을까. 비바람이 치고 눈보라가 날렸을 것이다. 가지가 꺾이고 부러질 때마다 옹이를 새기면서 보다 큰 나무의 소망을 새겼다. 눈보라 속에서 비바람 속에서 꿈꿔 온 것은 그늘이 좋고 뿌리 깊은 나무로서의 일생이었을.

밭둑을 보니 홀연 자그마한 소나무 그루가 옹기종기 자란다. 그중 어떤 것은 손가락만 하고 또 어떤 나무는 팔뚝만한 게 제법 크다. 필연 소나무 씨앗이 떨어져 자랐을 것이다. 소나무는 바람에 씨앗이 날려서 퍼진다. 멀리멀리 날아간 씨앗도 있을 테고 발치에 떨어져 자란 것들이 고향에 남아 오순도순 사는 모습이 정겹다.

소나무의 일생이 그려진다. 나무라면 모름지기 동량재목을 꿈꾼다. 그도 아니면 대들보니 서까래가 되기를 원하지만 저렇게 굽은 채로 선산을 지키는 것도 나쁘지는 않다. 하기야 저렇게 아름드리가 되도록 한 가지쯤은 재목감으로 잘려 나갔을지 모른다. 어찌어찌 남은 가지를 보듬으면서 부족하나마 소나무로서의 위용을 자랑하고 있다. 문득 살아온 날들이 스쳐간다. 어느새 일흔하고 중반에서 참 오랜 날들이었으나 막상 무엇 하나 끄집어낼 게 없다. 하고 싶은 것 이루고 싶은 것도 많았으나 아무리 내 인생이지만 뜻대로는 되지 않는가 보다.

그나마도 내세울 수 있는 거라면 우리 가정이다. 남편 건강하고 두 딸도 결혼해서 저희들 나름 가정을 꾸리며 잘살고 있다. 우리 부부 슬하에서는 딸자식이던 철부지가 어느새 저희들 슬하에 고물고물한 자식을 키우고 있다. 그렇게 뒷바라지해주다 보면 저희들 앞가림은 하게 될 테니 부모로서 이만한 보람이 없다.

큰딸은 어릴 때부터 책을 좋아했다. 유치원 다닐 때는 그림책을 즐겨 보더니 좀 더 커서는 동화책을 좋아했다. 자랄 때면 골목길이라도 꽤나 넓어서 자동차가 두 대가 서로 제 선을 다닐 수 있었다. 넓은 골목길에는 우리 아이들 또래가 많아서 서로 피아노라든가 모든 학원을 다투어 보냈던 것 같다. 학교도 가지 않은 애가 책을 옆에 끼고 친구 집을 드나들 정도로 책을 좋아해서 엄마들의 부러움을 샀던 것이다.

그걸 본 이웃 사람들은 혀를 내둘렀다. 어쩌면 어린아이가, 뭐 처음에는 작정하고 책을 가져갈 수는 있다 치지만 또래들하고 모이면 노는 데 정신이 팔릴 텐데 아랑곳하지 않은 채 읽고 있으니 그럴 수밖에 없다. 어른들도 그렇게 하기 어려운데 어린아이가, 그것도 이제 겨우 유치원생이 제 할 일 꿋꿋이 하는 걸 보면 자식이라도 참으로 어기찰 때가 있다.

작은딸은 작은딸대로 상냥하다. 공부벌레 큰애가 학교와 집만 왔다 갔다 하면서 제 일에 열심인 반면 작은딸은 집안 분위기를 띄우는 데 일조를 했다. 공부 쪽으로 언니만은 못해도 친구들 관계도 무난하다. 가족들의 생일은 물론 우리 부부의 결혼기념일까지 챙긴다. 대학을 졸업하고 직장을 잡고 나서는 또 능력 있는 사회인으로 그리고 착한 딸로 성장해 갔다.

두 딸 모두 그렇게 말썽 한번 없이 잘 자라준 것에 고마울 따름이다. 어쩌다 자녀 때문에 속 썩이는 사람을 보면 부족한 부모 밑에서 말썽 부리지 않고 잘 자라준 셈이다. 그런 애들이 결혼할 때마다 왜 그렇게 서운한지 몰랐다. 이제 내 곁을 떠나는 것 같아서 허전했다.

그렇게 온 집안이 어우러지면서 화기애애한 분위기일 때마다 나이가 들면서 허전한 마음을 달랜다. 그동안 일궈온 가족이라는 텃밭이 점점 늘어서 이제는 한 필지 밭이 되었다는 뿌듯한 마음이다.

자식은 하늘에서 부모를 선택해 준다 하지 않던가. 참으로 명언이다. 자식은 또 하늘이 점지해준 선물이다. 그렇게 부모를 선택해 줬으니 자식을 위해서라면 무조건 희생하게 되지만 부모로서 더 해주지 못하는 게 아쉬울 뿐이다. 그럼에도 불구하고 이만한 대우를 받는 게 행복할 때가 있다. 자식을 키우면서 곡절이 없기야 했을까마는 이제는 저희들도 어엿한 가정을 이루어 잘살고 있으니 바랄 게 없다.

장사익씨의 노래를 인용하면 정말로 사람은 한번 가면 다시 돌아올 수 없다는 것에서 내 자식에게도 사는 동안 좋은 것만 보여줄 수 있는 삶이었으면 하는 마음 간절하다.

다시금 소나무를 본다. 하늘을 향해 뻗은 기상과 비늘 같이 촘촘한 잎은 낙락장송으로서, 그늘로서 부족함이 없다. 한 그루 나무조차 그늘을 키우면서 제 몫을 다하고 있다. 낮에는 구름을 불러들이고 밤이면 별들도 내려와 쉬지 않을까. 따스한 봄에는 가지에 날아든 새들이 노래를 부르고 겨울이면 눈 덮인 낙락장송으로 군림하는 모습이 어기차다.

나도 그렇게 크는 소나무이고 싶다. 당연한 수순으로 이제는 주변과 이웃에게 부족한 게 뭔지를 생각할 때다. 고단한 사람에게는 그늘이 되어 주고 잠 못 드는 누군가에는 별들의 얘기를 들려주면서 마음을 달래주고 싶다. 한겨울 인생이 추워서 떨 수밖에 없는 사람들을 위해 눈 덮인 가지 하나쯤 내어 주면

덕 베풀고 잘 살았단 소리는 듣게 될 것이다. 두 딸의 엄마로서 잘 사는 것은 물론 울타리 밖의 사람들에게도 베풀고 나눠주는 사람이고 싶다.

그리되면 지난 세월에 대한 아쉬움도 덜어질 테고 자신감도 생길 줄 안다. 살아온 날보다 살아갈 날이 얼마 되지 않는 시점에서 인격적으로 부족한 내가 이룰 수 있는 경지는 아니지만 내 인생의 숙제로 남기고 싶다. 추억을 먹고 사는 어른이기에 앞서 미래를 꿈꾸는 어른이라면 남은 삶은 좀 더 경건하게 보내야 하리. 오래 살고 싶다 하여 뜻대로 되는 것도 아닌 이상에 지금이라도 모든 것에 슬기로움으로 명(命)에 대한 감사와 처신을 하며 살고 싶다. 자신을 갈고 닦는, 성찰(省察)의 기회로서 말이다.

만남, 예그리나

병실은 조용했다. 문을 열고 들어가니 환자복을 입은 강여사님 부군께서 고요한 모습으로 벽에 기대어 계신다. 쥐 죽은 듯 잠잠한 가운데 문소리가 유달리 크게 울렸다. 눈에 띄게 수척해진 모습이 아닌 건강한 모습의 선생님께서 나를 보시고는 "여보, 연화씨 왔어!"라며 반갑게 부인을 부르신다.

강여사님은 밖에 나갔는지 계시지 않았다. 저간의 안부를 주고받으면서 잠깐 인사 나누는 사이에 밖에서 여사님이 들어오시며 반가워 하셨다. 손을 꼭 잡으면서 말이다. 적적한 병실에서 얼마나 외로웠으면 그러셨나 싶어 잠깐 마음이 아존했다. 1인용 병실이라 더 그랬을 테지. 그나마도 3인용 6인용 병실이었어도 늘 밝은 모습이었기에 더더욱 편찮으시다고 느끼지 않았을 것이다.

잠깐 화장실에 갔었다면서 반기는 모습이 병간호에 지치신 듯 수척해 보이신다. 부부 금슬이 워낙 각별하셨던 분들이다. 선생님께서 목소리는 평소에도 맑고 우렁차 병중이라는 것을 느낄 수 없었다. 교직에 몸담으신 지 40년 만에 퇴임하셨다고 들었다. 이후 고향인 시골에 내려오셔서 소꿉놀이나 하듯 오순도순 사신 지가 8년이라 했던가. 별장처럼 아담한 집에 꽃밭을 일구고 작은 텃밭을 가꾸시는 모습이 화초마냥 이쁘게 보였었다. 그러다가 건강에 돌연 문제가 생기면서 입원을 하게 되고 깨알같이 아름다운 전원생활은 잠시 중단되었어도 여전히 인자하고 살뜰하셨던 모습이 보기만 해도 흐벅지다.

여사님 부부를 뵌 것은 10여 년 전이었다. 어느 날 서예모임에서 뵈었을 때부터 이상하게 친근했었다. 초면인데도 낯설지가 않았다. 아무리 봐도 서먹서먹한 사람이 있는가 하면 잠깐을 봐도 친근한 사람이 있다. 부창부수라고 하듯 여사님은 얌전하고 다소곳한 스타일이고 남편인 선생님께서는 자상하고 세심했다. 짐작에 이렇다 할 부부 갈등조차 없었을 거다. 깊이 들어가면 남모를 속내야 있겠지만 눈에 띄는 바로는 언제나 화목한 모습이었다. 내가 알고 있는 부부의 전형적인 모습에서 보면 나 자신이 더 좋아했던 것이 지금 생각해도 어린아이 마냥 졸래졸래 따라 다녔던 기억이다.

하루는 두 분이서 토종 진돗개를 가져오셨다. 혹시 아프면 주사 맞히는 방법까지 일러주셨다. 눈 같이 하얀 털과 쫑긋 돋아난 귀가 아주 멋진 녀석이었다. 이후 탈 없이 잘 크는 듯했다. 나 역시 우정 선물해 주신 두 분의 정성을 생각하며 열심히 건사했다. 끼니마다 먹이도 신경 쓰면서 탈이 생길까 싶어 공들여 키웠던 것이다.

그러던 어느 날 녀석이 갑자기 부스럼이 나면서 탈이 생겼다. 언제부턴가 밥을 먹지 못하고 눈이 게슴츠레해졌다. 두 분의 말씀대로 주사도 놓고 약도 때맞춰 주었건만 끝내 회생하지 못했다. 뜰 한가운데 양지바른 곳에 묻어주고는 며칠 동안 몸살을 앓았다. 은근히 우리 집에 오시지 않기를 바라면서 말이다. 어느 날 여사님께 말씀드렸더니 너무 마음 아파하지 말라고 하실 때는 멀쩡한 녀석을 부주의로 살리지 못한 듯 나도 모르게 울컥했다. 큰마음 먹고 주신 거라 미안해할까 봐 그렇게 위로했을 것이다. 나로서는 그게 또 죄스럽고 며칠간 또 상심에 빠져 지냈다.

암튼 두 분은 나의 롤 모델이었다. 금슬이 좋은 것도 좋은 거지만 두 분이 약속이나 한 듯 강직한 성품이셨다. 남에게 털끝만한 피해도 주지 않고 살아오신 분들이라는 게 딱 느껴진다. 피해는커녕 힘들어하는 사람을 보면 찾아가 위로하고 때로는 경제적인 지원도 아끼지 않으셨을 것이다. 그게 뭐 큰 도움은 되지 않을지언정 지치고 넘어진 누군가를 일으켜 주고 등 토닥이며 위로해주는 품성은 내 살아가는 지표로도 삼고 싶었다.

지금도 가끔 병원에서 "여보, 연화씨 왔어."라고 하시던 말씀이 감동적인 울림으로 돌아오곤 한다. 병원에 계시면서 더구나 1인용 병실이라 더욱 그랬겠지만 어찌 보면 흔한 병문안인데 그처럼 반길 수 있는 품성이 따스하게 다가온다. 내가 과연 누군가에게 그처럼 반갑고 소중한 존재였는지를 새삼 돌아본 것이다. 어느 날 여사님께 그 말씀을 드렸더니 "당연하지. 우리는 피를 나눈 동기간보다 각별한 사이잖아. 연화씨가 우리에게 얼마나 소중한 존재인지 감히 말로 표현할 수 없을 정도야."라고 하시던 말씀이 지금도 뭉클하다.

하지만 선생님은 얼마 후 돌아가셨다. 몇 개월간의 투병 생활 끝에 세상을 떠날 때는 가슴 한 모퉁이가 무너지는 것 같았다. 일가친척도 뭣도 아니지만 절친했던 지기를 잃어버린 듯 마음이 스산했다. 돌아가시던 날은 서설이 풀풀 날렸다. 펑펑 쌓이지도 않는 한나절 눈발처럼 흩뿌리던 그분의 자취도 잿빛 하늘에 떠돌 것을 생각하니 며칠을 또 언짢았다.

뵙고 알게 된 것이 겨우 십몇 년 남짓인데 왜 그렇게 가슴이 아프던지. 특별히 병문안을 가던 날 선명하셨던 목소리가 자꾸만 아려온다. 환자치고는 밝고 명랑한 목소리였는데 그렇게 속히 가실 줄을 몰랐다. 다만 그 아쉬움을 "선생님! 평안히 가세요."라는 말로 달래곤 했다. 남은 날은 부끄럼 없이 살다가 옆

자리로 가겠노라던 강여사님을 위해서라도 많은 시간을 함께 보낼 것을 깊이 새겨본다.

어제는 종일 장맛비가 쏟아졌다. 올 들어 가장 많은 비가 왔던 것 같다. 오늘은 또 탁구동호회가 끝나고 댁으로 모셔 드렸다. 안에서 우산을 피고 내리시라 해도 내리시면서 예의 또 차 안에 물이 튈까봐 전전긍긍이시다. 비가 올 때는 늘 그랬지만 누군가에게 폐를 끼칠까 항상 노심초사하는 그분에게서 많은 것을 배운다. 늘 함께 서로 아끼며 살아갈 것을, 그의 이름 '강연자씨, 아름다운 이름의 미명(美名)으로 삼을 것이다. 적적한 병실에서 환자답지 않게 힘찬 목소리의 환영사 또한 잊지 못할 것이다.

딸기밭에서의 하루

오늘도 봄이 신호를 보낸다. 담장 곁의 목련이 대낮에 뜬금없이 새하얀 등을 밝히면서 신호가 시작되었다. 조약돌에 붙어 있던 돌단풍 역시 이끼처럼 파랗게 초록을 틔운다. 그런가 하면 땅속에서는 씨앗들이 웅성웅성 서로 먼저 나오려는 기척이 들리는 듯하다.

달포 전 오일장에서 딸기 모를 사왔다. 바람 끝이 매운 초봄이지만 저녁나절 딸기 모를 옮겨 심었다. 아직은 바람 끝이 차가운 4월 초순이지만 딸기는 추위에 강하다. 열매만 봐서는 소녀처럼 청순해 보이지만 우툴두툴하고 거친 잎사귀를 보면 번식력이 뛰어난 점도 수긍이 간다. 한 포기만 심어도 이듬해가 되면 실하게 뻗어나간다.

딸기를 심은 것은 올해가 처음이다. 시골에 와서 정착한 지

어언 스무 해가 넘었다. 그동안 사과나무와 복숭아 등의 과수나무도 키워 보았다. 봄이면 상추야 쑥갓이야 아욱도 심고 파도 심었지만 딸기는 그야말로 처음이다. 목화씨를 가져와서 심은 문익점마냥 벌레라도 먹을까 가뭄에 시들지는 않을까 온갖 정성을 기울였다. 그렇게 키운 딸기였으니 감회가 남다를밖에.

스무날이 지나고 보니 어느새 빨갛게 익은 딸기가 보인다. 붉은 열매가 햇살에 반들반들하니 예쁘다. 무심코 딸기 한 개를 깨물었다. 달고 새콤한 맛이 묘하게 어우러졌다. 더 먹고 싶어도 열 개도 되지 않는데 한 쟁반은 따먹은 것처럼 배부르다. 한 광주리를 먹은들 배부를 것은 아니다. 오죽해서 음식이 양에 차지 않을 때는 달리다, 딸기 따 먹듯이라고 했다. 그것만 봐도 배부르게 먹을 만한 과일이 아닌 것은 분명하다.

딸기는 장미목 장미과 딸기속의 여러해살이풀이다. 딸기꽃의 꽃말은 '애정, 존중, 우정, 예견, 행복한 가정'이다. 중부 유럽과 남미가 원산지이며, 현재는 아시아와 북아메리카, 유럽 등 북반구 온대 지역에서 많이 재배한다. 온도에 대한 적응성이 강하여 적도 부근의 해안에서 아프리카, 남아메리카, 오세아니아 등 남반구와 북극 가까운 지역까지 널리 심고 있다.

강화도에 한 총각이 병든 노모를 모시고 살았다. 어느 해 겨울 노모는 아들에게 딸기가 먹고 싶다고 했다. 아들이 뒷동산 딸기밭에 가서 칠일 기도를 하였더니 한겨울인데도 딸기가 주렁주렁 열렸다. 그것을 따서 어머니를 드렸더니 금방 기운을 차리고 일어나더란다. 우리나라에 딸기가 전래된 것은 1900년대 초엽이다. 이 설화에서 딸기는 당연히 멍석딸기라고 하는 산딸기였을 것이다.

딸기는 북유럽의 주신(主神)인 오딘(Odin)의 아내이자 신들의 여왕인 프리그(Frigg)에게 바치는 공물이었다. 천국을 찾아온 사람이 입이나 손에 딸기즙이 묻어 있으면 신성한 딸기를 훔쳐 먹은 것으로 간주해서 지옥으로 보낸다고 한다.

딸기의 제철은 5~6월이지만, 하우스 재배가 대세가 된 이후부터 딸기는 겨울을 대표하는 과채가 되었다. 딸기는 비타민C가 풍부하고, 철분과 다른 무기물도 들어 있으며, 맛도 좋아 인기 있는 과채다. 후식용 생과일로도 먹고, 잼으로도 만든다. 통조림, 설탕절임, 주스 등을 만들거나 빵이나 파이 등을 만들 때도 넣는다. 삶아서 체로 거르고 꿀과 녹말을 섞어 딸기 편을 만들고, 과실주를 담그기도 한다. 붉은 활력소인 딸기는 비타민의 여왕이라더니 참으로 다양하게 먹는 식재료이다.

무엇보다 딸기는 이름이 예쁘다. 새까만 점이 주근깨처럼 박혀 있는데도 빨간색과 어울려서 그렇게 산뜻할 수가 없다. 눈으로 초벌 요기하는 것으로 딸기만한 게 있을까. 길을 지나다가 혹은 언덕의 딸기나무에 붉은 보석처럼 맺혀 있는 산딸기의 추억은 누구에게나 있을 것이다.

딸기에 대한 속담을 살펴보았다. '동지 때 개딸기'라는 속담은 철 지난 것을 억지로 구하려 할 때 쓰는 말이다. 개딸기는 더구나 먹을 수도 없는데 그거라도 있었으면 좋겠다는 간절한 마음이 드러나 있다. 충청도 지방에는 칠월칠석날 딸기를 먹으면 부스럼이 생긴다는 말이 있다. 칠월 칠석이면 장맛비가 오락가락하는 철이다. 생각하니 딸기에도 알러지가 있다는 말을 들었다. 그렇게 먹음직스럽고 산뜻한 딸기도 잘못 먹으면 탈이 생길 수 있는 게 묘하다. 딸기를 보면 그 자체가 깨끗하고 정갈해서 행복한 가정을 보는 듯 미소가 떠오른다.

그런데 알러지라니 우리 삶에도 그런 것은 있지 않을까. 나 같은 경우 딸기 알러지는 없지만 은행을 먹고는 된통 홍역을 치른 적이 있다. 은행나무만 봐도 슴벅거리는 느낌이었으니 일종의 트라우마로 볼 수 있겠다. 알러지는 일반적으로 음식 때문에 보이는 특유의 반응이며, 주로 달걀, 우유, 고기, 생선, 콩 따위의 식품을 섭취했을 때 나타난다. 의학적으로는 또 약품을 투여했을 때 나타나는 천식, 화분증, 두드러기 따위의 반응이다.

누구를 막론하고 먹으면 탈이 나는 게 있는 것처럼 살면서 그런 식의 반응 또한 누구에게나 있을 법하다. 예쁘고 산뜻한 딸기조차도 누군가에게는 알레르기를 보인다니 인생은 또 얼마나 많은 곡절이 담겨 있는 것일까. 알고 보니 딸기는 장미과였던 것이다. 어쩐지 장미처럼 특별히 빛깔 고운 열매라는 생각이 들었다. 줄기에 돋아 있는 솜털 같은 잔가시 때문이리라. 알러지 같은 우리 인생 가시도 잘만 삭히면 향기로운 삶이 되지 않을까.

앞으로 딸기는 계속 맺힐 것이다. 덩굴은 보잘것없고 줄기도 약하지만 한 해 두 해 지나면 우리 가족의 디저트를 충분히 담당하게 될 것이다. 따스한 지방에서 자랄 것 같은데 북유럽 등지에서도 능히 자란다. 딸기에 대한 것은 모두 예쁘고 신비롭지만 열매 하나에 든 비바람 또한 생각하지 않을 수 없다. 5월에도 비바람은 만만치 않겠지만 힘들어야 위대해진다. 인생도 애초부터 무거웠다. 우리 또한 그래야 넘어지지 않는다. 가시가 아니면 장미가 아니듯 나약하게만 보이는 딸기의 저력을 가늠해 보는 하루였다.

도토리 줍는 날

가까운 이웃과 도토리를 주워 오려고 산을 오른다. 우리 마을에서는 도토리를 상수리나무라고도 한다. 맛있는 도토리묵을 생각하니 줍기도 전에 배부르다. 한바탕 주워서 빻아온 뒤 자루에 담아 치대면 도토리 앙금이 솔솔 빠져나온다. 그것을 커다란 함지에 담아 물을 가득 부어 놓고는 며칠을 두고 우려내는 것이다. 웬만치 떫은맛이 빠지면 가라앉은 앙금을 말려서 묵을 쑤기도 하고 도토리 전도 부쳐 먹으면 어찌나 맛있는지 줍는 동안 힘든 것은 깜빡 잊곤 하였다.

마을 산은 높지가 않고 오르기도 완만하여 나 같은 사람도 쉽게 오를 수 있다. 한참을 올라가니 상수리나무 군락지가 보인다. 바닥으로 도토리가 수북이 떨어져 있다. 같이 간 동무는 손이 무척 빠르다. 내가 배낭 하나를 겨우 채우는 동안 갈퀴로 주워 담듯이 하면서 잠깐 동안에 두 자루 가득 채워 놓았다.

나야 뭐 손놀림이 빠르지는 않아도 그래 마음은 도토리보다 늦가을 아취에 빠져드는 게 일이다. 땀을 식히느라고 잠깐 앉으면 저 아래 가을 물살에 풍덩 잠겨 있는 우리 마을이 보였다. 동구 밖의 은행나무는 노랗게 황금차일을 늘어뜨렸다. 그 너머 들판은 우리 동네만큼 커다란 황금 덩어리였다. 도토리 줍는 것보다는 이맘때쯤 보는 단풍이 훨씬 멋지다.

산등성이 나무에 단풍이 함빡 물들었던 것이다. 여름에는 똑같이 푸르다가도 가을이면 저마다 색깔이 드러난다. 노랗게 물든 자리는 낙엽송 군락이다. 우리가 줍고 있는 도토리나무는 갈색이고, 빨갛게 물든 곳은 말할 것도 없이 단풍나무 군락이다. 그런 중에서 유독 푸른 것은 침엽수인 소나무 아니면 잣나무였으니 가을은 제 본색을 확실히 드러내는 계절이었나 보다. 우리 삶을 계절에 비유하면 가을에서도 늦가을은 지금 내 나이에 해당되는 것 같다. 어떻게 물들어야 깔이 예쁠지 그것을 생각해야 될 것을.

단풍은 여름내 길어 올렸던 나무의 물기가 빠지면서 나타나는 현상이다. 이제 막 펼쳐지는 꽃보다 아름다운 단풍의 향연은 어떻게 생기는 걸까? 우선 색깔을 분류해 보면 붉은색 계통은 안토시아닌, 밝은 오렌지색은 카로틴, 노란색에서 오렌지색 계열은 크산토필이란 색소에 의해 나타난다. 이러한 물질들은 봄부터 생긴 것인데 날씨가 선선해지고 엽록소가 파괴되면서 겉으로 나타난다.

같은 나무라도 온도, 햇빛, 물의 양에 따라 단풍의 색채는 조금씩 달라진다. 일례로 붉은색은 낮과 밤의 온도 차가 크고 햇빛이 좋을 때 가장 좋다. 말하자면 색소 성분의 양적인 차이로 다양한 색상이 나오는 것이다. 가을이 되고 수분이 부족해지면 나무는 자연히 물을 아끼게 된다. 그 위에 여름내 길어 올렸던 물이 빠지면서 빛깔이 더욱 선명해지는 것이다.

겨울이 되기 전에 물이 남아 있고서는 추위에 꽝꽝 얼어붙는다. 말하자면 얼더라도 살얼음만 잡히도록 몸속의 물기를 최대한 빼면서 단풍이 더욱 또렷해진 셈이다. 가을이면 참 예쁜 단풍이라고만 했지 그런 사연이 있는 줄은 몰랐다. 단풍은 결국 가을과 함께 월동 준비를 하기 위한 과정이었다. 정말이지 몰랐다. 물기를 빼는 그게 아름다운 단풍의 첩경일 줄은. 그로써 또 무사히 겨울을 나고 봄을 맞게 될 줄은.

단풍의 시작은 물기를 빼는 거란다. 나도 아름다운 단풍의 말년을 위해 물기를 빼야 되겠지. 그러고 보니 지금 열심히 줍고 있는 도토리 역시 떫은맛을 빼야만 먹을 수 있었다. 우려내지 않으면 떫어서 도무지 먹을 수가 없다. 때가 되면 모든 것을 우려내야 하는구나. 나 또한 우려낼 게 얼마나 많은 것일까.

해거름이 되었다. 쉬엄쉬엄 주운 것 같은데도 한 말은 실하다. 산에서 내려오는 대로 곧장 방앗간으로 가져갔다. 금방 빻아서 자루에 담아 치대고는 함지에 물을 부어 놓았다. 치대는 것도 팔이 아프지만 이제부터 대엿새 동안은 열심히 물을 갈아줘야만 한다. 가을이라 해도 낮에는 무더울 때가 있어서 자주자주 갈지 않으면 앙금이 쉬어버린다. 하루에도 몇 번씩 그렇게 갈아주다 보면 가을 해는 더더욱 짧다. 우리 말년의 해도 그렇게 짧아질 것이나, 열심히 갈아주다 보면 깐깐한 앙금이 되어 겨우내 물리지 않게 먹을 수 있는 것처럼 우리 인생의 탁한 성분도 진짜배기 녹말로 태어나게 될 것이다.